성공하기 위한
멀티플레이어 전략

전도근 저

예신 Books

A 라는 나라가 있었다. A나라에는 두 팔을 가진 사람들이 살고 있었다. 그러던 어느 날 A나라에 팔이 3개 달린 아이가 태어났다. 사람들은 팔이 3개 달린 아이를 자기들과 다르다는 이유로 업신여기고, 놀려댔다. 팔이 3개 달린 아이는 마음이 아팠다. 똑같은 사람인데 자신을 놀려대는 사람들이 이해되지 않았다. 신체적인 한계가 있었기 때문에 그는 늘 외로웠지만 자신의 능력을 키우기 위해 팔 3개를 동시에 쓰는 연습을 했다.

그가 성인이 되었을 때 A나라에는 사과가 풍년이었다. 나라에서는 일손이 부족해 좀더 빨리 일할 수 있는 사람이 필요했다. 결국 A나라에서는 팔이 3개인 사람을 싼 임금으로 고용했다.

팔이 3개 달린 사람은 처음으로 하는 일에 최선을 다했다. 팔이 3개라 일반인들이 사과 1개를 따는 동안 2~3개를 더 딸 수 있었다. 고용주는 매우 만족했다. 그의 작업 속도에 놀란 A나라 사람들은 늘어나는 일거리를 해결하기 위해 팔이 3개 달린 사람을 찾아 왔다. 그러나 팔이 3개 달린 사람도 일정 수준 이상의 일을 한다는 것은 한계가 있었다. 날이 갈수록 팔이 3개 달린 사람의 가치는 높아져 그의 몸값은 치솟았다. 하지만 팔이 3개 달린 사람은 몸값을 더 높이기 위해 일을 나가지 않았다. A나라 사람들은 팔이 3개 달린 사람의 생산 능력을 보았기 때문에 비싼 비용을 지출해서라도 그를 쓰고 싶었다.

국민들의 요구가 거세지자 A나라의 과학자들은 복제기술을 이용해 팔이 많은 사람을 만들기로 결정했다. 과학자들은 팔이 4개인 인간을 완성했다. 그들이 성인이 되어 일터로 보내지자 아무도 팔 3개인 사람을 찾지 않았다. 결국 팔 3개인 사람은 아무 일도 하지 못하고 굶어 죽을 수밖에 없었다.

팔이 4개인 복제인간들은 일반인들보다 높은 생산량을 창출했고 점차 그 능력을 인정받아 높은 직위에 오르게 되었다. 높은 직위에 오른 복제인간들은 생산력이 높은 자기와 같은 팔 4개의 복제인간들만 고용했고, 팔 5개 가진 인간들을 만들어 일을 맡겼다. 결국 일반인들을 회사에서 쫓겨나 단순 노동을 하게 됐다. 결국 복제인간들은 A나라의 대통령을 차지했고 팔이 많은 복제인간들은 일반인들을 노예로 만들어 버렸다. 결국 A나라 사람들은 그들이 업신여겼던 팔이 많은 사람에게 일터를 빼앗겼고 노예로 전락하는 결과를 가져왔다.

이 이야기는 가상의 이야기이지만 현실에서도 일어나고 있는

현상이다. 우리는 이 이야기를 통해 몇 가지 시사점을 발견할 수 있다.

첫째, 과거에는 한 가지만 잘하면 먹고 살 수 있는 시대였다. 즉, 한 우물형 인재를 요구하던 시대였던 것이다. 그러나 급속한 사회 변화는 다양한 분야에 대한 지식과 능력을 가진 멀티플레이어형 인재를 요구할 것이다.

둘째, 멀티플레이어라 하더라도 자신의 능력을 개발하기 위해 노력하고, 겸손하지 않으면 사람들의 관심에서 멀어지거나 더 뛰어난 능력의 사람들이 시장을 지배하게 되어 결국 아무것도 할 수 없게 된다는 것이다. 멀티플레이어는 멈추지 않고 계속 능력을 향상시켜 자기계발에 힘써야 한다.

셋째, 이미 사회에 진출한 멀티플레이어들은 나름대로 자기 분야와 다른 분야에서 능력을 인정받고 있다. 앞으로도 멀티플레이어는 탁월한 능력을 바탕으로 빠르게 사회의 지도층이나 리더로 자리 잡게 될 것이다. 멀티플레이어형 인재들은 자신의 능력과 가치를 잘 알고 있기 때문에 자신과 닮은 능력을 가진 사람과 일하기를 원할 것이다. 이것은 미래 사회에서 살아남기 위해서는 멀티플레이어가 되어야 한다는 것을 의미한다.

넷째, 지금은 현실에 충실하면 살 수 있는 평범한 사람들도 미래의 사회 변화가 그들을 어떤 상태로 만들지 모른다는 것이다. 결국 평범한 사람들은 미래를 위해 무엇인가를 준비하지 않으면 안 된다는 것을 예고한다.

우리는 이제 변화하지 않으면 생존이 불가능한 시대에 살고 있다. 다양한 분야의 전문가가 인정받는 시대가 왔다. 이 책은 멀티플레이어가 되고자 원하는 사람들을 위해 "멀티플레이어가 무엇인지?", "왜 이 시대가 멀티플레이어를 원하고 있는지?", "멀티플레이어는 남들과 무엇이 어떻게 다른지?", "멀티플레이어가 되면 무엇이 좋은지?", "어떻게 해야 멀티플레이어가 될 수 있는지?", "멀티플레이어로서 성공할 수 있는 방법은 무엇인지?"에 대한 필자의 경험과 노하우를 기록했다.

진정으로 이 시대를 리드하는 멀티플레이어가 되고 싶은 분들에게 이 책을 바치고 싶다.

- 일산의 서재에서 전도근

Chapter 1 멀티플레이어가 미래를 이끈다

Chapter 2 멀티플레이어는 선택이 아니라 필수다

Chapter 3 멀티플레이어가 되면 운명이 바뀐다

Chapter 4 미래의 생존코드 멀티플레이어

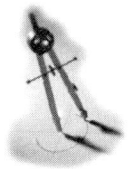

멀티플레이어가 미래를 이끈다

칭기즈칸은 자신의 불행한 환경을 탓하는 사람들에게 이렇게 했다.

집안이 나쁘다고 탓하지 말라. 나는 아홉 살 때 아버지가 독살당하는 것을 보았고, 마을에서도 쫓겨났다.

가난하다고 말하지 말라. 나는 들쥐를 잡아먹으며 연명했고, 굶주림 때문에 이복동생을 죽여야 했다.

자기가 하는 일을 나쁘다고 하지 말라. 목숨을 건 전쟁이 나의 직업이었고 일이었다.

인생이 기구하다고 말하지 말라. 나의 아내 볼테르가 남의 아이를 임신했을 때도 나는 그 아이를 일관된 사랑으로 키웠다.

외롭다고 말하지 말라. 나는 내 그림자 말고는 친구도 없었고 친구를 사귀기 위해 먼 곳까지 다녀야만 했다.

불가능하다고 말하지 말라. 처음 성을 공격하려 했을 때 나의 병사들은 불가능하다고 했지만 나는 점령했다.

작은 나라에 태어났다고 말하지 말라. 나의 병사는 겨우 10만 명이었고, 백성은 어린애와 노인을 합쳐 2백만도 되지 않았지만 나는 세계를 정복했다.

배운 게 없다고, 힘이 없다고 탓하지 말라. 나는 내 이름조차 쓸 줄 몰랐으나 남의 말에 귀 기울이면서 현명해지는 법을 배웠다.

너무 막막하다고, 그래서 포기해야겠다고 말하지 말라. 나는 목에 칼을 쓰고도 탈출했고, 뺨에 화살을 맞고 죽었다 살아나기도 했다.

적은 밖에 있는 것이 아니라 내 안에 있는 것이다.

내가 나의 한계를 극복하는 순간, 나는 테무친이라는 소년에서 칭기즈칸으로 우뚝 서 있었다.

멀티플레이어의 힘은 불가능이 없다

얼마전 KSB TV에서는 주말마다 칭기즈칸을 주제로 한 드라마를 방영한 적이 있다.

몽고라는 작은 나라에서 태어난 칭기즈칸을 한낱 이방인으로 보면 그다지 깊은 관심이 생기지 않지만 사실, 칭기즈칸은 알면 알수록 존경심을 갖게 되는 인물이다.

칭기즈칸은 지난 1997년 〈뉴욕 타임즈〉에 '세계를 움직인 가장 역사적인 인물'의 첫 번째로 손꼽히면서 역사에 그 이름을 새롭게 장식했다. 그 전까지만 해도 칭기즈칸의 이름은 잔혹한 정복자였고 그래서 정작 몽고인들 조차 칭기즈칸의 위대함을 알지 못했다.

사실 칭기즈칸은 불운한 사람이었고, 그의 삶은 처절했다. 가난한 부족장의 아들로 태어난 그는 9살 때 아버지가 타타얼 족에게 독살당하면서 어머니와 함께 사막에 버려졌다. 사막에서 살아남기 위해 쥐를 잡아먹어야 했고, 포로로 잡혀 죽기 일보 직전에 겨우 도망을 치기도 했다. 결혼 후에는 그의 아내 볼테르가 메르키트 족에게 끌려가 후처가 되었으며, 나중에 그가 메르키트 족을 정벌해 아내를 구출했을 때는 이미 남의 아이를 임신하고 있었다. 그렇게 해서 태어난 자식이 장남 주치이다. 그러나 그는 죽을 때까지 장남을 다른 자식들과 차별하지 않았다.

어려서는 살아남기 위해 싸워야 했고, 어른이 된 후에는 몽고와 세계 제패를 위해 죽는 날까지 싸워야 했던 칭기즈칸. 보통 평범한 사람이었다면 이러한 절망적인 상황에서 죽음만을 기다렸을 것이다. 그러나 칭기즈칸은 자신에게 닥친 모든 악조건을 극복하고 자신의 목표를 달성했다.

그가 성공할 수 있었던 수많은 요인 가운데 가장 중요한 것은 멀티플레이어만이 시대를 지배할 수 있다는 선견지명으로 그 스스로가 멀티플레이어로 무장했다는 사실이다. 어려서는 전쟁놀이를 통해 무사의 능력을 키웠고, 친구를 사귀는 가운데 리더십을 익혔다.

또한 자신뿐만 아니라 그의 백성과 병사들도 생존경쟁에서 살아남을 수 있는 강력한 힘을 가진 멀티플레이어로 만들었다. 멀티플레이어가 되어야만 적은 인원으로 큰 나라를 정벌할 수 있다는 것을 주장했으며, 기마병 위주의 군을 편성해 장병들을 육성하였다. 병사들이 말을 타고 달리는 가운데 활을 쏘고, 잠을 자고, 먼 거리를 쉬지 않고 달릴 수 있도록 훈련에 훈련을 거듭했다. 결국 그의 이러한 노력은 빛을 발해 칭기즈칸은 1만의 군사로 몽고를 통일했고, 200배나 많은 군사를 가진 금나라를 정벌할 수 있었으며, 강력한 10민의 군사를 가졌던 선진 유럽과 아시아 대륙의 대부분을 점령할 수 있었다.

칭기즈칸은 개방적이면서도 카리스마 넘치는 멀티플레이어 리더십으로 세계를 지배할 수 있었던 것이다. 그리고 이러한 그의 세계 정벌 기록은 어느 누구도 깰 수 없었다.

멀티플레이어란 무엇인가?

멀티플레이어(multiplayer)는 multi(여러 가지)와 player (선수, 경기자, 연주자)의 조합어로서, IT 환경의 발전과 함께 생겨난 신조어이다. 원래는 온라인 게임에 접속해 여러 사람과 함께 사냥을 하거나 게임을 진행하는 게임 방식을 말한다.

지난 2002년 한일 월드컵 준비 기간 동안 거스 히딩크 감독이 '멀티플레이어' 라는 개념을 한국 대표팀에 도입함으로써 월드컵 4강 신화를 달성했다. 그의 성공 신화는 한 우물을 파야 한다는 우리의 고정관념에 큰 충격과 변화를 주었다.

거스 히딩크 감독이 주장하는 멀티플레이어란 한 선수가 한 가지 역할을 수행하는 것에 그치지 않고 여러 위치에서 다양한 역할을 소화함으로써 상황에 따라 수비수 혹은 공격수가 되어 감독의 전술에 다양한 가능성을 제공하는 선수를 말한다.

IT 관련 분야에서만 사용되던 멀티플레이어라는 용어는 이처럼 히딩크 감독이 선수들의 훈련에 적용하기 시작하면서부터 일반화되기 시작해 이후 스포츠 분야뿐만 아니라 다른 분야에도 광범위하게 사용되기 시작했다.

오래 전부터 우리나라에서는 여러 가지의 직위 또는 직업을 가지고 있거나 다양한 역할을 수행하는 사람을 표현할 때 '박학다식'이나 '만능'이라는 말을 사용했다. 박학다식이란 학식이 넓고 아는 게 많음 또는 학문이 넓고 식견이 많음을 의미하며, 만능이란 온갖 일에 두루 능통함 또는 온갖 것을 다 할 수 있음을 의미한다. 하지만 '박학다식'이라는 말이 지적 영역에 국한되어 있고, '만능'이라는 말이 행동적인 영역에 국한되어 있는 반면 멀티플레이어는 이 둘의 의미를 두루 표현하고 있다.

멀티플레이어와 비슷한 용어로 멀티태스킹을 사용하기도 한다. 이 역시 IT 용어에서 출발했는데 멀티태스킹이란 컴퓨터 프로그래밍에서 운영체계가 제어하는 프로그램의 기본 단위인 태스크가 여러 개의 업무를 동시에 실행하고, 교대로 컴퓨터의 자원을 사용할 수 있게 하는 것을 말한다.

멀티플레이어가 다양한 지위와 역할을 수행하는 사람을 의미한다면 멀티태스킹은 한 사람이 여러 가지 업무를 한꺼번에 처리하는 능력 또는 행위를 말한다. 결국 멀티태스킹은 멀티플레이어가 할 수 있는 능력의 하나인 셈이다.

지금까지의 개념들을 모아 멀티플레이어를 정의하면 좁게는 한 사람이 2가지 이상의 지위와 역할을 가지고 자신의 전문 분야에 해박한 지식을 가지고 있는 동시에 다른 분야에도 두루 능통해 온갖 일을 다 할 수 있는 사람을 말하며, 넓은 의미로는 한 사람이 자신의 업무 분야에 대한 전문성은 물론 관련 지식을 폭넓게 두루 갖춘 사람을 말한다.

미래를 주도하는 멀티플레이어

앞으로 다가올 미래사회를 한 마디로 규정하는 일은 쉽지 않다. 미래사회는 정해진 역사를 걷는 것이 아니라 우리의 실천에 의해 만들어지고 변화되기 때문이다. 지금은 국제화, 지방화, 정보화, 개성화 등 무수한 변화가 한꺼번에 몰려오고 있는 시기이다. 과학기술은 눈부신 속도로 변화해 자고 일어나면 새로운 기술로 새로운 물건이 만들어지고 있다.

이러한 다양한 변화 가운데 정보화의 물결은 모든 변화를 주도하는 큰 흐름으로 부각되고 있다. 우리 사회, 아니 세계는 정보화 혁명의 시대에 진입하고 있는 것이다. 지난 10년 동안의 컴퓨터와 주변기기, 통신 기술의 발달 과정을 돌이켜 보더라도 제품이 출시되기 전에는 미처 생각하지 못했던 높은 성능의 제품과 서비스가 속속 등장했음을 알 수 있다. 그 결과 수많은 제품들이 출시 후 몇 개월 만에 구식이 되는 현상이 반복되고 있다. 구입하고 돌아서면 더 높은 성능의 제품이 더 싼 가격으로 시장에 등장하는 일은 이제 비일비재한 일이 되었다. 이러한 시대에 살고 있는 우리가 미래를 예측하고 거기에 대응하여 적절히 준비하지 못하다면 미래 사회에서의 생존은 불가능한 일이 될지 모른다.

미래학자 앨빈 토플러는 그의 저서 《제3의 물결》에서 인류가 정보화 사회로 갈 것을 예측했으며, '제4의 물결'을 언급한 장에서는 미래에 대한 10가지 전망을 내놓고 있다. 그 중 하나를 인용하면 "디지털 기호로 구성된 지식과 정보가 자본을 대체하고, 교육 받은 중산층이 국가를 이끌며, 기술 없는 인력의 대규모 실업이 발생할 수 있다."고 하였다.

또 미래사회에는 국경의 의미가 사라짐에 따라 다른 민족

과의 교류 기회가 증가하며, 다양한 가치와 신념이 존중되는 다원주의적 경향이 가속화되고, 이로 인해 비판적이고, 창의적이며 개방적인 사고가 필요한 사회가 온다고 주장한다. 심지어는 디지털과 초고속화로 인해 시간과 공간의 제약뿐 아니라 언어의 제약까지도 뛰어 넘게 된다고 말하고 있다.

미래학자들이 제시한 미래에 대한 전망을 언급하지 않더라도 앞으로 전개될 미래는 국가 간의 국경이 사라짐으로써 치열한 생존경쟁 사회로 치닫게 될 것이다. 지금도 국가 간에는 보이지 않는 새로운 형태의 전쟁이 계속되고 있다. 기업은 지금보다 적은 비용으로 높은 생산성을 내지 않으면 생존이 불가능해지고 있다. 결국 치열한 생존경쟁에서 살아남기 위한 미래의 경영 환경은 경영자와 직장인들에게 멀티플레이어로의 변화를 요구하게 될 것이다.

더욱이 사회의 발전 속에서 빠른 속도로 변화하는 상품을 지켜본 소비자의 욕구는 더욱 다양해져 자기만의 개성 있는 문화를 즐기려는 사람이 더욱 늘고 있다. 소비자의 이러한 욕구와 필요를 정확히 예측해 충족시키는 것이 기업의 성공에 중요한 열쇠가 되기 때문이다.

시장의 규모가 작고 제품의 종류가 많지 않았던 옛날에는 회사가 하루하루의 판매 경험을 통해 소비자의 행동을 파악할 수 있었다. 하지만 오늘날의 시장은 복잡하게 세분화되어 있고, 소비자들의 취향과 욕구 또한 다양하기 때문에 단순한 마케팅 전략으로는 소비자의 욕구를 이해할 수 없다. 자연히 기업은 다양한 고객의 욕구를 정확히 파악하기 위해 소비자와 같은 욕구를 가지고 다양한 지식과 경험을 지닌 사람을 필요로 하게 될 것이다. 결국 이러한 기업의 욕구를 충족시킬 수 있는 사람은 다재다능하고 창의성을 겸비한 멀티플레이어라는 것을 예측할 수 있다.

물론, 여기서 말하는 멀티플레이어는 수박 겉 핥기 식으로 모든 분야에 해박한 지식을 갖춘 사람을 이야기하는 것이 아니다. 진정한 멀티플레이어는 한 가지 분야에 전문지식을 갖고 있는 동시에 다른 분야에도 해박한 지식을 갖춘 인재를 의미한다. 복잡한 조직의 노선을 통하지 않고도 혼자서 게릴라처럼 일할 수 있고, 혹독한 환경에서도 살아남을 수 있는 능력과 다양한 지식과 경험으로 사회의 변화에 따라 카멜레온처럼 변화할 수 있는 사람을 말한다.

따라서 멀티플레이어가 되지 못하는 개인과 조직, 국가는 경쟁에서 살아남기 어려워질 것이다. 더욱이 신자유주의의* 파도는 멀티플레이어가 되지 못한 개인과 기업, 국가를 더

---

* 신자유주의 : 1970년대 서구사회에서는 과도한 국가개입과 복지정책으로 인해 경제침체와 사회 활력 저하 현상이 나타나게 된다. 이를 해결하기 위해 국가 개입을 축소하고 시장경제를 강화해야 한다는 주장이 대두되었는데, 이러한 주장과 이를 반영한 경제정책을 총칭 신자유주의라 한다.

욱 위험한 환경에 빠뜨릴 것이다. 그러나 반대로 멀티플레이어가 된 개인과 멀티플레이어를 양성하거나 고용한 기업과 국가는 장차 미래 사회를 주도하게 될 것이다.

변화와 혁신의 기수 멀티플레이어

우리는 변화하지 않아 가치를 잃어버린 것들을 수없이 보았다. 신곡 하나로 인기를 얻은 가수가 새로운 곡을 내지 못해 사람들에게 잊혀지는 것을 보았고, 오늘 산 신제품이 돌아서면 구제품이 되는 것도 보았다. 이러한 시대에 살고 있는 우리에게 과거의 영광은 의미가 없다. 계속 변화하지 않는 한 어제의 영광은 미래로 연결되지 않는다.

그래서 요즈음 국가와 기업, 개인 너나 할 것 없이 변화와 혁신을 강조하고 있다. 국가는 국제사회에서, 개인이나 기업은 사회의 주류로 자리 잡기 위해 사회 변화에 따라 신속하게 대처하고 준비해야 하기 때문이다.

현재 국가는 행정자치부에 혁신담당관실을 두고 변화와 혁신을 주도하고 있으며, 개인은 사회 변화에 적응하고 성공하기 위해 스스로 변화와 혁신을 주입하고 있다. 많은 기업들의 신년 사업계획에서 '변화'는 빠지지 않고 등장하는 주요 테마가 되었으며, 경영자나 지도자들은 조직을 변화시키기 위해 사무혁신, 조직혁신, 구조조정, 조직문화 개선 등 다양한 이름의 변화 관리 프로그램을 선포해 보다 나은 조직으로 거듭날 것을 다짐하고 있다. 하지만 안타깝게도 변화 관리 프로그램을 성공적으로 수행한 기업이나 국가는 세계적으로 극소수에 불과하다.

놀라운 것은 변화와 혁신에 대한 주장이 무려 100년 전부터 있어 왔다는 사실에 있다. 슘페터는 자본주의 발전의 원동력이 '창조적 파괴'라고 말했고, 컨베이어 시스템을 도입해 자동차의 대량 생산과 대중화 시대를 연 헨리 포드는 "변화를 거부하는 사람은 이미 죽은 사람이다.", "이 나라에서 우리가 아는 유일한 안정성은 변화뿐이다.", "만약 목표를 성취하는 데 방해가 된다면 모든 시스템을 뜯어고치고, 모든 방법을 폐기하고 모든 이론을 던져버려라." 등의 말로 변화와 혁신의 중요성을 주장하였다. 이러한 주장이 오늘날까지 이어지고 있는 이유는 무엇 때문일까? 그것은 인간이 환경에 빨리 적응함으로써 변화가 기대에 미치지 못하기 때문일 수도 있고, 시대의 급속한 변화에 따라 그 필요성이 더욱 절실했기 때문일 수도 있다.

사실 변화와 혁신은 변화를 거부하는 세력의 저항을 받게 되고, 많은 자원과 노력, 시간을 투자해야 하는 특징을 갖고 있다. 따라서 성공적인 변화와 혁신을 위해서는 최고 경영자의 전폭적인 참여와 지원이 전제되어야 한다. 그러나 조직 전체에 변화와 혁신을 가져오려면 최고 경영자 한 사람의 힘만으로는 불가능하므로 전체 조직 구성원의 노력이 필요하다. 그래서 국가와 기업은 변화와 혁신을 이끌어 낼 인재를 찾기 위해 혈안이 되어 있다. 기존의 조직 구성원의 고정관념을 깨고 변화와 혁신의 기수로 만드는 것은 어려운 일이기 때문에 변화와 혁신을 몰고 갈 젊은 피를 수혈하려는 것이다. 변화와 혁신을 이끌었던 역사적인 인물로는 벤저민 프랭클린을 들 수 있다.

벤저민 프랭클린은 원하는 것은 무엇이든 자신의 노력으로 이룰 수 있다고 생각했던 사람이다. 한 가지 분야에서도 성공하기 힘든 사람들에 반해 벤저민 프랭클린은 평생 인쇄공, 주간지 발행인, 의용병 대장, 시의원, 작가, 정치가, 애국자, 과학자로 미국 역사 발전에 지대한 공헌을 했다. 그는 10살 때 학교를 그만두면서 마땅한 정규 교육을 받을 수 없었지만 멀티플레이어로서 전문적인 지식을 습득하기 위해 끊임없이 노력했던 인물이다. 미국 건국 초기 워싱턴 장군을 도와 미국 역사에 중요한 역할을 수행했는가 하면 독립선언서를 만드는 데 기여했으며, 국가의 중요 직책을 골고루 맡았던 위대한 지도자였다. 또한 그는 다양한 경력을 바탕으로 놀라운 창의성을 발휘하기도 했는데 피뢰침, 2초점 안경, 스토브 이외에도 수많은 발명품을 남겼다.

그는 항상 변화와 혁신을 꿈꿨다. 당시 영국의 식민지였던 미국을 독립시키기 위해 직접 의용병 대장이 되기도 했으며, 독립선언서를 만들게 한 원동력이었다. 미국의 독립 후에도 그는 멀티플레이어로서의 능력으로, 국가의 기틀을 혁신적으로 변화시키는 데 앞장섰다. 그리고 그는 오늘날 미국이 세계 강국으로 발전할 수 있는 초석을 만든 인물이 되었다.

변화와 혁신을 필요로 하는 시대일수록 개인과 기업, 국가는 변화에 능숙하게 적응할 수 있는 멀티플레이어를 원한다. 이들이 사회의 주류가 되어 변화와 혁신을 이끌 때 비로소 개인과 기업, 국가의 미래가 있기 때문이다.

다행히 요즘 신세대들은 멀티플레이어가 되지 못하면 미래 사회에 생존할 수 없다는 것을 스스로 깨달아 급변하는 디지털 환경 속에서 다양한 경험과 지식을 습득하며 멀티플레이어로 자라나고 있다.

멀티플레이어 리더십

전 미국 대통령 해리 트루먼은 리더를 가리켜 '사람들이 원하지 않거나 좋아하지 않는 일을 하도록 이끄는 능력을 지닌 사람'이라고 정의한 바 있다. 일반적으로 리더십은 집단의 구성원이 자발적으로 참여하고 노력해 주어진 목표를 달성하도록 유도하는 능력을 말한다.

한 조직의 미래는 리더와 그를 따르는 추종자들에 의해 결정되는데, 조직을 성공으로 이끌기 위해서는 탁월한 리더십을 가진 훌륭한 리더와 리더 못지않은 추종자가 필요하다. 조직은 리더 혼자의 힘으로 만들어지는 것이 아니기 때문이다.

현재 우리에게 필요한 국가의 리더는 국민들에게 희망을 주고, 국민의 단결된 힘을 끌어낼 수 있는 강력한 리더십을 가진 '훌륭한 리더'이다. 그러나 정계뿐만 아니라 재계, 관계, 교육계, 심지어 가정에 이르기까지 조직에 필요한 진정한 리더가 없다는 목소리가 높다. 극단적으로 우리나라 전체가 '리더 부재 증후군'에 시달리고 있다고 말해도 좋을 것이다. 그래서인지 많은 사람들이 히딩크 감독의 리더십을 그리워한다.

히딩크는 우리나라 축구 대표팀의 감독으로 활동하면서

모든 선수들에게 수비와 공격을 겸한 멀티플레이어가 되기를 요구했다. 대부분의 언론과 사람들은 그의 훈련 방법이 우리나라의 문화와 맞지 않는다고 비난했지만 그는 독특한 리더십으로 꿋꿋하게 자신의 길을 갔고, 그 결과 월드컵 4강 신화를 이루어 낼 수 있었다. 꿈을 이루기 위해 자신의 뜻을 관철하고, 묵묵히 선수들을 격려함으로써 그들의 장점을 발견하고 전략을 마련했던 히딩크는 진정한 리더였다.

앞서 이야기한 칭기즈칸 역시 역경과 고난을 딛고 꿈을 이루어낸 준비된 리더였다. 그는 개방적인 사고로 능력 있는 사람은 노예나 외국인 할 것 없이 가리지 않고 등용하였으며, 성과가 있는 부하에게는 지위고하를 막론하고 차별없이 똑같이 상을 나누어 주었다. 그 자신은 황제였지만 궁을 짓지 않고 천막에서 지냈으며, 비단 옷을 마다하고 백성들과 다를 바 없는 생활을 고집했다. 또 그는 위에서 군림하는 권력자가 아닌 때론 아버지처럼 때론 형처럼 백성을 다스렸으며, 직계 가족이 법을 어겼을지라도 엄격하게 법으로 다스렸다. 항복하는 나라에는 형제의 나라가 될 기회를 주었고, 저항하는 나라에는 잔혹한 정복자가 되었다.

그러나 무엇보다 칭기즈칸이 리더로서 성공할 수 있었던 비결은 그에게 잠재되어 있는 엄청난 비전이었다. 칭기즈칸은 일찍이 그 누구도 가능하리라 생각하지 않았던 것을 가능하게 만들었다. 자신의 목표를 공동의 목표로 만들었고, 목표를 달성하기 무섭게 새로운 목표를 세워 그의 부족이 쉬지 않고 앞을 향해 달리게 만들었다. 그의 비전은 나라를 세우는 것, 주변 국가로부터의 위협을 없애는 것, 더 나아가 중원을 경영하는 것, 그리고 마침내 천하를 통일하는 것이었다. 그의 꿈들은 하나하나 현실이 되어 결국, 그의 천하는 중국 땅을 넘어 사람이 살고 있는 모든 땅을 향해 계속 커져갔다. 백성들이 불가능하다고 생각한 일을 리더십과 비전의 공유로 이끌었기에 가능한 일이었다.

칭기즈칸과 히딩크의 공통된 특징은 리더로서 백성과 선수들의 잠재력을 발견해 적재적소에 인재를 등용했다는 점이다. 또한 그들이 자신의 분야에서 비전과 목표를 이루도록 도움과 격려를 아끼지 않았으며 때로는 강하게 리드해 나가는 소위 '멀티플레이어 리더십'의 소유자였다는 것이다. 멀티플레이어 리더십은 흔히 전략, 판단력, 지식, 기획력과 실천능력, 자기관리능력, 대화능력, 추진력 등으로 사람들이 자신의 잠재력을 발견하게 하고, 비전과 목표를 이루도록 이끌어주는 리더십을 말한다. 이러한 멀티플레이어 리더십이야말로 경기침체로 희망을 잃어가는 지금의 우리에게 가장 절실한 리더십이기도 하다.

한 우물을 판다는 것은 최선을 다한다는 것을 의미한다

우리나라의 속담에는 "우물을 파되 한 우물을 파라."는 말이 있다. 한꺼번에 여러 가지 일을 벌이거나 하던 일을 자주 바꾸면 아무런 성과가 없으니 어떠한 일이든 한 가지 일을 끝까지 해야 성공할 수 있다는 말이다.

개인의 성취를 위해서는 한 우물을 파는 것이 최선의 방법일 수 있다. 개인에 따라서는 한 우물만 파기에도 주어진 시간이 너무 짧다고 생각할 수 있기 때문이다.

미국의 메이저리그에서 활약하고 있는 한국의 프로야구 선수 박찬호는 초등학교 때 타자로 야구에 입문해 중학교 3학년 때 투수가 되었다. 그는 고등학교를 졸업하고 대학교를 다니다 일본으로 건너가 메이저리그에 입문하게 된다. 시카고 커브스와의 경기에서 메이저리그 첫 승리를 거두었고, 그 해 48번 경기에 출전해 5승 5패, 방어율 3.64, 탈삼진 119개를 기록했다. 다음해 다저스의 선발 투수가 되어 여러 경기에 등판하면서 14승 8패, 방어율 3.38, 탈삼진 166개로 내셔널리그 다승 12위, 방어율 14위, 탈삼진 13위에 랭크되었다.

아시아 경기에서는 한국 대표팀으로 출전해 금메달을 따는

데 중요한 역할을 했으며, 메이저리그 선발투수 톱 10에 선정되었다. 이후 프리에이전트(자유계약선수)가 되어 텍사스 레인저스와 5년 간 총 7,100만 달러(약 923억 원)를 받았다.

박찬호 선수의 성공은 초등학교 때부터 지금까지 약 20여 년 동안 야구라는 한 우물을 팠기 때문에 가능한 일이었다.

미국에서 활발하게 활동하고 있는 한국의 프로 골프 선수 박세리는 초등학교 6학년 때 처음으로 골프를 시작해 고등학교 3학년 때 프로와 아마추어가 함께 출전하는 오픈 대회를 4개나 석권해 가능성을 인정받았다. 프로로 데뷔해서는 레이디스 클래식 골프 대회에서 우승하였고, 18세에는 최연소 우승기록을 세웠으며, 3개 대회를 석권하면서 국내 골프 사상 3주 연속 우승이라는 대기록을 수립하기도 했다. 그 해 국내 대회에서 우승 4회, 준우승 6회, 평균 타수 1위(70.79타), 상금 랭킹 1위, 역대 최고 상금 기록, 최연소 우승 등 많은 기록을 세워 한 해 동안 7억 원에 가까운 수입을 올림으로써 국내에서 활동하는 운동선수 중 최고 수입을 기록했다. 그녀의 성공 역시 15년 동안 골프라는 한 우물을 팠기에 가능한 일이었다.

보스턴 마라톤에서 우승한 한국의 마라톤 선수 이봉주도

고등학교 1학년 때 처음으로 육상 장거리에 입문했다. 서울시청에 입단하면서 두각을 나타내기 시작했고, 정봉수 감독의 권유로 코오롱에 입단해 황영조, 김완기 등과 함께 훈련을 받았다. 그리고 그는 도쿄 국제 하프 마라톤 대회에서 1시간 1분 4초로 한국 최고 기록을 수립한다.

이후 세계적인 마라톤 경주 대회인 보스턴 마라톤에서 2시간 9분 59초의 기록으로 2시간 10분의 벽을 돌파해 남승룡 이후 51년 만에 우승컵을 한국에 되찾아왔다.

이봉주 선수의 성공 배경에는 고등학교 때부터 지금까지 약 15년을 마라톤이라는 한 우물을 팠다는 데 있다.

이처럼 한 우물은 판다는 것은 인생에 커다란 성공을 가져오는 것임에는 분명하다. 그러나 어떤 분야든 최고는 한 명이지만 그 뒤에는 보이지 않는 수많은 사람들이 성공을 기원하며 최고에 도전하고 있다. 따라서 한 분야에서 최고가 되려면 막연한 기대감이나 최소한의 참여가 아니라 최선을 다해야 한다.

평범한 사람이 한 우물을 파는 데는 생각이 필요하다

한 우물을 파라고 말하는 이유는 한 우물을 깊게 파야 그 우물에서 물이 나올 가능성이 높아지기 때문이다. 박찬호, 박세리, 이봉주 선수가 성공할 수 있었던 것도 바로 오랫동안 한 우물만을 팠기 때문이었다. 그러나 그들이 한 우물을 파서 성공할 수 있었던 결정적인 이유는 어린 시절부터 그 분야에 남다른 재능을 보였고, 피나는 노력을 했으며, 더불어 주변의 적극적인 지원이 가능했기 때문이었다.

결국 '재능+노력+인맥 또는 행운' 이라는 3박자가 조화를 이룰 때 성공의 크기가 크다는 것을 알 수 있다.

J는 어릴 때부터 머리가 좋아 공부를 잘했다. 법관은 그의 꿈이자 가족의 희망이었다. 우수한 성적으로 고등학교를 졸업한 후 명문대학교 법학과에 입학한 그는 대학에서도 성적이 좋았다. 그런데 이상한 일은 사법고시에서는 늘 떨어지는 것이었다. 삼수를 하고도 고시에서 떨어지자 그는 군에 입대했다. 그러다 보니 취업 할 나이를 넘겨 버렸다. 그는 어쩔 수 없이 처음 자기가 되고자 했던 법관의 길을 위해 다시 사법고시를 준비했다. 그러나 결국 그는 10년 동안 고시에 떨어졌으며, 지금은 생계를 위해 마지못해 학원 강사로

일하고 있다. 현재 그는 깊은 절망에 빠져 자신의 한 우물형 삶을 후회하고 있다.

 M은 유치원 때부터 피아노 연주에 탁월한 재능을 보였다. 부모는 많은 돈을 투자해 초등학교 때부터 아이에게 레슨을 시켰고, 예술고등학교에 입학시켰다. 고등학교에서도 예술성을 인정받은 아이는 명문대학 음악과에 들어갔다. 그러나 문제는 부모의 실직으로 경제적인 지원이 불가능해지면서부터 시작되었다. 결국 아이는 외국 유학의 기회를 놓치고 대학을 졸업했다. 피아노 연주 외에는 해본 일이 없었던 M은 졸업 후 최선의 선택으로 피아노 학원을 차렸다. 그러나 요즘처럼 피아노 학원이 많은 상태에서 학원을 운영하는 것도 쉽지 않았다. M은 현재 운영비를 마련하기도 힘든 상태에 있다. M은 한때 촉망받던 재원이었지만 주변의 지원을 받지 못해 꿈을 접을 수밖에 없었던 사례이다.

 두 사람의 경험을 통해 우리는 한 우물을 파는 일에 상당한 위험이 내포되어 있음을 알 수 있다. 어쩌면 일생을 건 도박일 수도 있다. 한 우물을 파서 성공하는 일이 마음만큼 쉽지 않다는 이야기이다. 그 우물에서 반드시 물이 나오리라는 보장도 없고, 물이 나온다 해도 무한정 나오는 것이 아니라 말라버릴 수 있기 때문이다. 그때는 우물 파기를 멈춘다 해도 이미 늦는다. 한 우물만을 팠기 때문에 선택할 길을 찾지 못해 망연자실하기 쉽고, 자신에게 적당한 우물을 다시 찾는 데도 상당한 시간과 노력이 필요하기 때문이다.

한 우물만 파는 일의 가장 큰 문제는 사회가 계속 변하고 있다는 것이다. 미래학자들이 예측하는 미래사회의 변화는 첫째, 사회의 변화는 기존의 직업을 무의미하게 만들며 새롭고 다양한 직업들을 등장시킨다는 것이다. 둘째, 기존의 얕은 지식은 이제 어디서나 쉽게 찾을 수 있는 시대가 되었고, 지식은 더욱 고급화 전문화되어 가고 있다는 것이다. 셋째, 얕은 지식보다는 경험을 더욱 중시하는 사회가 온다는 것이다. 그래서 지식 정보화 사회에 대비하기 위해서는 창의성과 다양성이 바탕이 되어, 미래사회에 대한 전망을 바탕으로 최선의 노력을 기울여야 한다는 것이다.

결국 우리는 한 곳만 바라보며 결과가 나올 때까지 전력질주하거나, 기다리며 안주할 것이 아니라 미래에 대한 올바른 방향을 다각도로 모색하고, 새로운 도전을 위해 끊임없이 준비해야 한다. 그래야만 변화하는 사회에 적응할 수 있기 때문이다.

한 우물만 고집할 것이 아니라 가능성이 있는 우물을 여러 군데 찾아두어야 하고, 물이 나오는 우물이 있다면 일단 그곳에 전력투구해야 한다. 그러나 물이 나온다고 해서 절대 안심해서는 안 된다. 누군가 나의 우물 옆에 또 다른 우물을 파게 되면 물이 그곳으로 스며들 수도 있고, 환경의 영향으로 물이 말라버릴 수도 있기 때문이다.

멀티플레이어는 만들어지는 것

멀티플레이어 능력이란 한 사람이 가지고 있는 해박한 지식이나 능력의 양을 말한다. 인간의 멀티플레이어 능력은 역사의 발전과 함께 계속 성장해 왔지만, 사회의 급속한 변화 속에서 더욱 중요한 항목으로 인식되고 있다.

이를 반증이라도 하듯 대부분의 기업에서는 기업의 생존 경쟁 문제를 해결할 수 있는 멀티플레이어형 인재 개발을 당면 과제로 삼고 있다. 대부분의 기업이 직원들의 멀티플레이어로서의 능력을 배양시키기 위해 다양한 교육과 훈련을 전개해 나가고 있다. 멀티플레이어 능력 개발을 통해 소비자가 원하는 상품을 개발하거나 상품의 질을 개선해 기업의 이익을 극대화하고자 하는 것이다.

기업이 직원들의 멀티플레이어로서의 능력을 향상시키기

위해 교육 훈련을 강화하는 것은 결국 멀티플레이어가 태어나는 것이 아니라 만들어진다는 것을 의미한다. 멀티플레이어가 되고자 한다면 누구든 최선을 다해 노력하면 가능한 것이다.

대우 중공업의 김규환 명장은 가난한 농부의 5대 독자로 태어났다. 그는 중학교를 졸업한 후 어머니의 약 값을 벌기 위해 무작정 서울로 상경했다. 어느 회사의 사환으로 입사해 하루도 빠짐없이 아침 5시에 출근했는데 이 모습을 지켜본 사장이 그를 정식 기능공으로 승진시켜 주었다. 그 후에도 그의 출근 시간은 달라지지 않았고 결국 사장은 그를 반장으로 승진시켰다.

"목숨 걸고 노력하면 안 되는 일이 없다!"는 자세로 일했기에 가능한 일이었다.

한 번은 무서운 선배 한 분이 그에게 기계를 닦으라고 지시했다. 그래서 그는 공장에 있는 2,612개의 기계를 다 풀어서 닦았다. 그때부터 선배는 '야, 이 새끼야' 였던 그의 호칭을 '김군' 으로 바꾸었다고 한다.

한 번은 그가 처음 본 컴퓨터를 청소하기 위해 분해해서 물로 닦는 실수를 저질렀다. 그는 자신의 무지에서 비롯된 실수임을 통감하고 책을 봐야한다는 생각에 목숨을 걸고 공부를 시작했다. 그래서 그는 학원의 도움 없이 현재 5개 국어를 구사한다. 그가 외국어를 터득한 방법은 욕심 부리지 않고 천천히 하루에 한 문장씩 외우는 것이었다. 천장, 벽, 식탁, 화장실 문, 사무실 책상 등 그가 가는 곳마다 쪽지를 붙여 놓고 1~2년을 꾸준히 외우다 보니 나중에는 회사에 방문한 외국인에게 제품을 설명할 수 있을 정도가 되었다.

그는 지금까지 2만 4천 6백 12건의 제안을 내놓았으며, 국제발명 특허 62개를 받았다. 그가 이렇게 많은 제안과 특허를 낼 수 있었던 것은 끊임 없는 탐구정신 때문이었다. 그는 어떤 문제가 발생했을 때 하루 종일 사물을 쳐다보며 생각하고 또 생각하면 답이 나온다고 한다. 한 번은 가공기계 개선을 위해 3달 동안 고민하다가 꿈에서 해답을 얻어 해결하기도 했다.

그는 타고난 천재가 아니었다. 오히려 머리가 나빠 '새대가리'라는 별명을 얻기도 했다. 그는 사실 국가기술자격 학과시험에서 9번, 1급 국가기술자격 시험 6번, 2종 보통운전 시험에서 5번 낙방 후 1종으로 전환해 5번 만에 합격한 사람이었다.

오늘날 그가 성공하게 된 비결은 결코 머리가 좋아서가 아니라 모든 일에 목숨을 걸고 노력했기 때문이었다. 그는 쓰러지면 다시 일어나 성공을 향해 전진했고, 그런 시간 속에서 점차 시련을 극복하는 속도도 빨라졌다. 실제로 그는 "나의 성공은 25년 간 새벽 3~4시에 일어나 남보다 더 공부하고 일한 덕택이다."라고 밝힌 바 있다.

이렇게 투철한 삶의 방식은 그에게 훈장 2개, 4번의 대통령 표창, 발명특허대상, 5번의 장영실상을 안겨주었고, 초정밀 가공분야의 명장으로 추대되는 영광을 안겨주었다.

비록 공교육을 제내로 받지는 못했지만 김규환 명장이 야말로 부단한 자기계발을 통해 성공을 일궈낸 진정한 멀티플레이어이다.

장승수라는 사람이 있다. 이 이름을 아는 사람은 별로 많지 않지만 그가 막노동꾼에서 서울대학교 수석 입학자가 된 사람이라고 하면 대부분 알 것이다. 막노동꾼이 서울대학교 학생이 된 것만으로도 세간의 이목을 집중시키기에 충분한 사건이었기 때문이다.

장승수 씨는 어려서 아버지를 여의고 어려운 가정 형편 때문에 일찍 대학 진학을 포기하고 술집과 당구장을 전전하며 싸움으로 고교시절을 보냈다. 그리고 고등학교를 졸업한 후에는 집안의 생계를 책임지기 위해 힘들고 어려운 직업을 전전해야 했다.

한때 물수건을 배달하는 일을 한 적이 있는데, 매일 오전 8시부터 오후 7시까지 무려 11시간 동안 오토바이로 150km를 달려야 했다. 한 달에 이틀 쉬는 게 전부였던 그의 월급은 고작 30만 원이었다. 이때 그는 배우지 않으면 결코 지독한 가난에서 벗어날 수 없다는 것을 깨달아 대학에 가기로 다짐한다. 그에게 공부는 어려웠지만 지금까지 그가 해본 일 중에서 가장 쉽고 재미있는 일이었다. 몰랐던 사실을 책을 통해 알게 되었을 때 느끼는 기쁨이 그 어떤 것보다 좋았다고 한다. 그가 공부를 하면서 깨닫게 된 것은 사람에게는 누구나 자기가 원하는 것을 해낼 수 있는 힘이 있다는 사실이었다.

결국 장승수 씨는 포크레인 조수, 오락실 부업, 가스 배달, 물수건 배달, 택시 기사, 공사장 막노동을 전전하면서 서울대학교 인문대학에 수석으로 합격했을 뿐만 아니라 사법시험에 합격했다. 현재 그는 프로 복싱 테스트에 통과해 프로복싱 선수로 활동하고 있다. 그럼에도 그는 만족하지 않고 앞으로도 배워야 할 것이 산더미 같으며 자신이 넘어야 할 한계가 무수히 많다고 말한다. 새로운 한계를 뛰어넘기 위해 "나는 다시 신발 끈을 고쳐 매고, 새로운 출발점에 서 있는 자세로 세상을 살고 있다."고 말이다.

그야 말로 누구도 예측하기 힘든 멀티플레이어로서의 삶을 살고 있는 것이다. 고난과 역경을 이겨내고, 가장 밑바닥에서 가장 높은 곳으로 올라온 사람이며, 그럼에도 도전을 멈추지 않고 스스로를 멀티플레이어로 만든 사람이다.

그렇다면 멀티플레이어의 능력을 가진 사람들의 특징은 무엇일까? 지금까지 소개한 사람들의 공통점은 다음과 같다. 일치하는 항목이 많을수록 멀티플레이어의 능력이 높은 것이다.

- 자신의 경험과 외부 세계에 개방적이다.
- 새로운 지식에 대해 수용적이다.
- 타인의 칭찬이나 비판보다는 자신의 내부적 가치와 기준에 따라 행동한다.
- 제반 지식에 호기심이 많다.
- 장애를 극복할 수 있다는 강한 자아의식과 자신감을 가지고 있다.
- 목표에 대한 명확한 설정과 그것을 달성하려는 굳은 의지가 있다.
- 노력만이 목표에 도달할 수 있는 최선의 방법이라는 것을 알고 있다.
- 전문적인 지식을 가지고 있다.
- 유연한 사고를 한다.
- 여러 가지 재주를 가지고 있다.
- 시간 관리를 잘한다.
- 다양한 업무 영역에 대해 잘 알고 있다.
- 강한 집중력을 가지고 있다.
- 미래를 대비할 줄 안다.
- 문제 해결 능력을 가지고 있다.
- 창의적인 사고를 한다.

지능을 능가하는 멀티플레이어 능력

 일반적으로 지능이 높아야 멀티플레이어가 될 수 있다고 생각하기 쉽다. 그래서 자신의 지능이 낮다고 생각해 도전해 보지도 않고 멀티플레이어가 되는 것을 포기하는 사람도 있다. 그러나 지능과 멀티플레이어 능력은 별개의 문제다. 물론 전혀 상관이 없다고 할 수는 없지만, 지능이 높은 사람이 반드시 멀티플레이어 능력 또한 높다고 말할 수는 없다.

 앞서 소개했던 장승수 씨는 IQ 113, 내신 5등급으로 시험에 5번 떨어진 뒤에야 대학에 들어갔다. 김규환 명장도 중학교 학력에 자격증 시험에서 수없이 실패했던 것으로 보아 지능이 뛰어난 편은 아닌 것 같다. 사실 우리 주변에는 지능과 상관없이 멀티플레이어가 된 사람들이 많이 있다. 도올 김용옥, 윈스턴 처칠, 에디슨, 링컨, 벤저민 프랭클린 등의 인물이 그러한 경우이다.

 도올 김용옥은 다양한 경력의 소유자이자 전문가적인 멀티플레이어이다. 고려대학교 철학과 졸업, 대만 타이완대학교 석사, 일본 도쿄대학교 중국철학 석사, 미국 하버드대학교 철학 박사를 수료했고, 고려대학교 철학과 교수, 극단 '미추' 단원, 원광대학교 한의과 졸업, 도올 한의원 원장, 하버드대학교 의과대학 연구 교수, KBS TV 〈도올의 논어

이야기〉 강의, 문화일보 기자 등 남들이 쉽게 따라갈 수 없는 경력을 가지고 있다.

처음 도올은 서울대학교 농과대학 농생물학과에 지원했다가 취약 과목이었던 수학이 0점에 가까운 점수를 받아 떨어지고 말았다. 대신 고려대학교 생물학과에 2차로 합격할 수 있었다. 그러나 대학 입학 후 관절염을 심하게 앓게 되면서 학업을 포기해야 했다. 1년 반의 시간을 병원 입원실에서 보내면서 세계를 바라보는 가치관에 변화가 생겨, 이때 신학을 공부하기로 결심했다고 한다. 신학대학을 나온 후에는 다시 철학을 전공하기 위해 고려대학교 철학과에 편입하기도 했다.

지금도 도올은 전문적인 지식을 얻기 위해 다양한 학문을 접하고 있다. 남들이 보면 완성되었다고 생각할 정도로 학문에 조예가 깊은 사람이지만, 그는 끊임없이 멀티플레이어로서 다양한 분야의 학문을 섭렵하고 있다.

도올은 이렇게 말한다. "학문하는 자세로 첫째는 호기심 있어야 하고, 둘째는 자존심이 있어야 하며, 셋째는 고독을 즐길 줄 알아야 한다." 실제로 그는 어렸을 때부터 길을 가다가도 궁금한 것이 있으면 끊임없이 묻고 대답을 들을 때까지 움직이지 않았다고 한다.

그의 변신은 실로 무궁무진했고, 무슨 일이든 시작하기만 하면 그 분야의 전문가가 되었다. 앞으로 그가 다른 무엇을 시도할지는 그 자신뿐만 아니라 다른 사람도 예측하기 힘들다. 새로운 분야에 도전하는 그의 모습에서 끊임없는 노력만이 최고의 멀티플레이어의 자리를 지키게 만드는 힘이라는 것을 깨닫는다. 오늘날의 도올을 만든 것은 강한 집중력과 마음먹은 일을 끝까지 해내는 고집, 탐구욕, 탁월한 감성의 상호작용 때문일 것이다.

영국 역사상 가장 위대한 영국인으로 추앙받는 윈스턴 처칠은 뛰어난 정치인으로 세계를 변화시키기도 했지만 노벨문학상을 수상했을 정도로 문학에도 조예가 깊었다. 그러나 그의 성공은 불행한 환경과 병약했던 자기 자신과의 끊임없는 싸움을 통해 얻은 결과였다.

처칠은 두 달 일찍 태어난 조산아로 태어날 때부터 몹시 병약해 어린 시절 늘 병을 달고 다녀야 했다. 열한 살 때는 죽음의 문턱에도 갔다 왔을 정도였고, 숨을 거두는 순간까지 여러 병마와 싸워야 했다. 왜소한 체격, 늦은 지능 발달로 학교 생활에 적응하지 못했던 처칠은 어린 시절을 심한 열등의식 속에서 보내야 했다. 그의 아버지는 그런 아들을 가문의 수치로 여겼고, 정신착란을 보이는 처칠에게 폭언을 서슴지 않았다. 그리고 이는 어린 처칠에게 많은 상처를 남겼다.

무엇보다 놀라운 사실은 가장 위대한 연설가로 인정받는 그가 혀가 짧아 몇몇 단어들을 제대로 발음하지 못해 말을 더듬었다는 사실이다. 학창 시절 학업 성적이 거의 꼴찌였던 그는 대학 진학을 포기해야 했고, 육군사관학교에 지원해 세 번 만에 겨우 합격했다. 또한 그는 선거에서 가장 많은 패배를 경험한 정치인으로 기록되어 있다.

처칠은 군에 입대하면서 체력 훈련에 몰두해 신체적인 허약함을 이겨내려 했다. 학문에 대한 열등감을 하루 다섯 시간이 넘는 독서와 공부로 극복했다. 짧은 혀로 인해 발음이 되지 않는 단어를 걸을 때마다 연습했으며, 무대 공포증을 없애기 위해 웅변 기술을 끊임없이 연습했다. 즉석에서 말하는 것이 서툴렀던 그는 미리 원고를 쓰고 암기해 연설에 나섰다. 자신의 소심한 성격을 이기기 위해 가장 치열한 전투에 자진 참가해 두려움을 이겨내는 법을 터득했다.

윈스턴 처칠이 영국의 수상을 두 번이나 지낸 훌륭한 정치가이자 웅변가로 명성을 날리고, 바쁜 생활 속에서도 수많은 강연과 20여 권의 저서를 집필해 노벨 문학상을 수상할 수 있었던 것은 진취적인 삶의 자세로 불행했던 어린 시절을 극복하고 자신의 약점을 극복하기 위해 끊임없이 노력한 멀티플레이어였기 때문이다.

도올 김용옥과 윈스턴 처칠의 삶 속에서 그들이 뚜렷하게 지능이 높았다는 근거는 발견할 수 없다. 오히려 윈스턴 처칠의 경우 꼴지를 도맡아 했고, 공부를 못해 선생님과 아버지에게 미움을 받기도 했다. 결론적으로 그들의 성공은 지능이 아니라 끓임 없는 도전을 통해 자신의 한계를 극복했기 때문에 가능한 일이었다. 누구든 자신의 노력을 통해 멀티플레이어가 될 수 있는 것이다.

그러나 지능과 멀티플레이어 능력의 상관관계에서 보편성을 찾는다면 다음과 같은 특징이 있다.

■ 지능도 높고 멀티플레이어 능력도 높은 사람

지능도 높고 멀티플레이어 능력도 높은 사람은 한 마디로 매우 성숙하고 안정성이 높은 성격을 가지고 있다. 이들은 필요에 따라 지도자의 역할도 해낼 수 있으며, 추종자의 자리도 잘 지켜 낸다. 화를 내야 할 때는 화를 내고, 화를 내서는 안 될 경우에는 참을 수도 있다. 업무를 진행하거나 운동을 할 때에도 리더답게 자신의 능력을 충분히 발휘하며, 회의나 고객과의 관계에서는 진지하고 침착하게 행동한다.

■ 지능은 낮지만 멀티플레이어 능력이 높은 사람

이런 사람들은 상사에게는 능력을 인정받을 수 있지만 자신을 충분히 알아주지 않을 때 사회에 반발하고 불만을 품는 경우도 있다. 일의 진행 속도는 빠르나 침착하지 못한 면을 보이기도 한다. 때로 부족한 자신감으로 업무 능력을 십분 발휘하지 못하고, 경쟁해야 할 상황에서 자신이 가지고 있는 지식을 충분히 드러내지 못할 때도 있다. 이런 사람들은 자신의 능력을 과신하고 있기 때문에 사회나 직장에서 그리 평판이 좋을 않을 수 있으며, 동료들에게 인기가 없는 경우가 많다.

그러나 조직을 벗어나 비교적 자유롭게 활동할 수 있는 경우에는 높은 성취 욕구를 가지고 자신의 실력을 마음껏 발휘할 수가 있다.

▓ 지능은 높지만 멀티플레이어 능력이 낮은 사람

이런 경우의 사람들은 한 가지 업무에 대해 깊은 전문성을 가진 사람들이 많다. 또한 이들은 업무의 전문성에 가장 많은 관심을 가지고 있다. 새로운 업무에 대한 도전 정신은 약하지만 맡은 일에 최선을 다하며, 전문성 향상을 위해 노력한다. 이 부류에 해당하는 사람들은 자신이 최고라고 생각하면서도 늘 누군가 자신을 추월하지 않을까 불안해한다.

▓ 지능도 낮고 멀티플레이어 능력도 낮은 사람

이런 사람들은 매우 불안정한 성격의 소유자로 무엇을 해도 적극적으로 하지 않고, 남이 시켜야 마지못해 하는 경향이 있다. 또한 밖에서 부추기거나 격려해 주지 않으면 움직이려고 하지 않는다. 심리적으로 상당히 불안해 충격을 받으면 정신적인 스트레스에 시달리고, 사회나 회사에 부적응 현상을 보여 능력이 없는 사람으로 보일 수 있다.

멀티플레이어는 선택이 아니라 필수다

일본의 캐논사는 지난해 2,500억 엔(한화 2조 8,400억 원) 이상의 순익을 기록, 시가 총액 5위로 소니를 누르는 신화를 이루었다. 불과 7년 전만 해도 캐논의 시가 총액은 소니의 5분의 1수준이었고, 상장 기업 중 43위에 머물러 있었다.

경영 전문가들은 캐논사 급성장의 비결이 공장 내 컨베이어벨트를 없애고, 4~6명의 종업원이 팀을 이뤄 모든 공정을 책임지는 '셀(cell)' 시스템을 도입해 생산성이 1.5배 이상 높아졌기 때문이라고 말한다.

포드사가 도입했던 혁신적인 생산방식을 버리고, 100년이 지난 오늘 다시 원점으로 회귀한 까닭은 무엇일까? 이에 대해 미타라이 후지오 사장은 '이제는 다능형 인재(멀티플레이어)가 필요한 시대이기 때문'이라고 짧게 대답했다. 소품종 대량생산에서 다품종 소량생산의 시대로 변하면서 필요한 인재상과 시스템이 바뀌었다는 이야기다.

오늘날 심각한 취업난으로 대학생들의 취업률은 점차 낮아지고 있다. 엄청난 경쟁으로 웬만한 대기업에 입사하는 일은 낙타가 바늘구멍을 통과하는 것보다 어려운 실정이다. 직장에 다니고 있는 직장인들도 고용에 대한 불안은 심각한 수준이다. 일찍 진급하면 더 이상 진급할 자리가 없어 38세에 직장을 그만 두어야 하는 '삼팔선', 능력 부족으로 더 이상의 진급이 불가능해 45세에 직장을 그만 두어야 하는 '사오정', 아무리 발버둥 쳐도 56세에는 퇴직해야만 하는 '오륙도', 이러한 말들은 오늘날 우리 사회의 직장인들의 실태를 적나라하게 보여주고 있다.

그렇다면 점점 어려워지고 있는 현실에서 과연 어떤 사람이 살아남을 수 있을까? 이 질문에 대한 실마리는 지금 우리 사회가 일반적인 지식을 가진 제너럴리스트와 특정 분야에 전문 지식을 가진 프로페셔널의 구분 대신 멀티플레이어인가 아닌가를 구분하는 시대에 접어들고 있다는 점에서 찾을 수 있다.

직장인도 멀티플레이어가 되어야 생존한다

과거에는 직장인이 직장 생활 외의 시간을 여가 생활로 보내든, 자기계발을 위해 활용하든 본인의 자유로운 선택이었다. 그러나 요즘처럼 고용 불안이 심화되면서 직장에서 살아남기 위해 자기 능력을 계발하거나 전직을 준비하는 것은 필수가 되었다.

이미 많은 직장인들이 살아남기 위해 또는 퇴직 후의 삶을 준비하기 위해 영어 강좌나 자격증 전문 학원을 다니고 있다. 예전에는 학생들로 가득 찼던 학원이 지금은 새벽 반, 저녁 반, 주말 반 할 것 없이 직장인들로 가득하다. 주말의 지역 도서관도 직장인들이 차지한 지 오래다. 자신의 업무와 관련된 지식 이외에도 전문성을 쌓기 위해 대학원에 진학하는 직장인들도 날로 늘어가는 추세다.

30대 중반의 L씨는 사람들이 선호하는 대기업에서 인정받아 젊은 나이에 과장이 되었다. 그럼에도 불구하고 현재 그는 바쁜 시간을 쪼개 교육대학원에 다니고 있다. 이유를

물었더니 명문대학교 공과대학 전자과를 졸업하고 회사에 어렵지 않게 취직해 생산 업무에서 전문성을 인정받았는데 작년에 갑자기 인사부에 배치돼 교육관련 업무를 맡았다는 것이다. 공과대학을 나온 L씨에게 교육관련 업무는 너무나 생소한 일이었기 때문에 모든 일을 새로 배울 수밖에 없었다. 그러나 교육학을 전공하시 않은 그는 학문적인 기반이 없었기 때문에 일의 효율성이나 효과가 떨어졌고, 다른 직원보다 능력이 부족한 것처럼 보였다. L씨는 회사에서 능력을 인정받기 위해 자신의 전문성을 향상하는 일이 제일 중요하다고 판단했다. 그래서 회사가 끝나는 시간을 이용해 자신의 전공과는 상관없는 교육학을 전공하게 된 것이다.

L씨의 말에 따르면 자기계발을 게을리하면 언제 퇴직을 강요당할지 모르기 때문에 회사에 근무하는 동안은 능력 계발을 위해 부단히 노력해야 한다고 했다. 그러나 L씨와 같이 공부하는 대학원생들은 L씨의 의지를 높이 평가하면서도 굳이 5학기라는 대학원 수업에 시간과 비용을 투자하면서까지 자기계발을 해야 하는가에 대해서는 의아하게 생각한다고 한다.

요즘 대학의 평생교육원에서 실시하는 성인들을 위한 다양한 취업 및 창업 교육 프로그램에 퇴직자보다 직장인들이 더 많은 비율로 참여하고 있다. 지금의 사회 현실과 분위기를 적나라하게 반영하는 것이라 할 수 있다. 얼마나 더 다닐 수 있을지 모르는 불안한 직장보다 퇴직 후의 안정된 직업을 찾기 위해 노력하는 모습이 안타깝기도 하다.

사실 업무에 지친 직장인들이 퇴근 후 무언가를 배운다는 것은 힘든 일이다. 하지만 현실에 대한 절박함이 무언가를 준비하지 않으면 안 되는 현실로 직장인을 내몰고 있다.

50대 초반의 K씨는 비교적 안정적인 공기업의 부장이다. 그는 현재 대학교 부설 평생교육원의 부동산 중개인 자격 취득 과정에 다니고 있다. 정년이 얼마 남지 않았기 때문에 퇴직 후 부동산 중개업소를 차릴 생각으로 이 과정에 참여하고 있는 것이다. 그러나 K씨는 대학 졸업 이후 20년 가까이 공부를 해본 적이 없어 책상에 앉아 수업을 받는 것조차 어려워했다. 게다가 나이가 들어 기억력이 떨어지다 보니 돌아서면 수업 내용을 잊어버린다는 것이다. 그러나 K씨는 퇴직 후 다시 직업을 갖기 위해서는 어쩔 수 없다는 생각으로 열심히 공부하고 있다.

지금까지 안정된 생활을 하던 직장인들도 본인이 원하든, 원하지 않든 멀티플레이어가 되어야만 생존 가능한 시대가 왔음을 알고 있다. 멀티플레이어로서의 능력을 갖추는 것은 이제 '선택이 아닌 필수'인 것이다.

취업하려면 멀티플레이어가 되어라

멀티플레이어가 되어야만 생존할 수 있다는 것은 직장인 뿐만 아니라 취업을 원하는 사람들에게도 해당된다.

과거에는 어느 한 분야만 잘 해도 성공할 수가 있었다. 그래시 당시의 기업늘은 학점이나 외국어 점수 등의 지적인 능력을 수치화한 요소로만 인재를 선발했다. 그러나 요즘처럼 미래가 불투명한 정보화 시대에 다양한 소비자의 욕구를 충족시키고 예측하기 어려운 미래에 생존하기 위한 멀티플레이어형 인재를 요구하고 있다.

기업은 이제 갓 대학을 졸업한 신입사원이 학교에서 배운 것만으로 직장생활을 하기에는 부족한 것이 많다고 생각한다. 그래서 기업은 신입사원들을 모집해 기업이 필요로 하는 인재를 양성하기 위해 막대한 예산을 투자해 별도의 교육을 시키고 있다. 그러나 이렇게 교육 받은 사원이라 해도 2~3년이 지나야 주체적으로 일을 할 수 있기 때문에 기업의 입장에서는 신입사원 보다는 전문가를 영입하는 것이 훨씬 수월하다. 신입사원 보다는 경험이 있는 전문성을 겸비한 인재가 회사에 더 큰 이익이 되기 때문이다. 최근 많은 기업들이 신입사원을 기피하고 경력사원을 선호하는 현상은 이러한 맥락에서 이해할 수 있다.

대기업은 말할 것도 없고 중소기업에서도 우물형 인재보다는 멀티플레이어형 인재를 요구한다. 기업에서 요구하는 인재상을 살펴보면 지원 분야의 전문성을 바탕으로 관련 분야에 해박한 지식을 갖고 있어야 하며, 어학실력, 프레젠테이션 능력, 커뮤니케이션 스킬, 마케팅 능력, 리더십까지 거의 모든 것을 갖추고 있어야 한다. 기업에서는 업무에 투입되었을 때 곧바로 다양한 능력을 발휘할 수 있는 실무형 인재를 요구하기 때문이다.

요즘 젊은 학생들 중 확실한 꿈을 갖고 있는 사람은 멀티플레이어가 되기 위해 촌각을 다투어 배우는 데 열중이다. N이라는 학생은 현재 대학교 4학년으로 3학년 때 휴학을 하고 1년간 미국으로 어학연수를 다녀왔다. N은 사범대학교에 다니며 부전공으로 정보처리과를 선택했다. 임용고사가 어려워지자 차선책으로 정보처리과를 선택한 것이었다. 일반 회사에 취직할 경우를 대비해 토플과 토익도 우수한 점수를 받아 놓았다. 취업할 분야를 IT 업계로 정해 정보처리 기사는 물론, 사무자동화 관련 자격증도 취득해 놓았다. 그래도 안심이 되지 않는지 4학년 때는 방과 후나 방학을 이용해 IT 관련 업종에서 아르바이트를 하며 정보 수집을 하며 전문성을 쌓았다. 지금 N은 중국시장 진출의 꿈을 안고 틈틈이 중국어 공부도 하고 있다.

N의 미래는 밝아 보인다. 그는 미래를 준비하고 있기 때문에 항상 자신감으로 가득하다. 임용고시를 통해 교사가 될 수도 있고, 교사가 되는 것이 싫으면 IT 업계에 취업해도 된다. 이미 관련 자격증과 어학 능력, 현장 경험까지 갖추었으니 한 가지만 준비한 학생보다는 행복한 미래가 다가올 것이다. 기업에서도 하나의 분야만 잘하는 사람보다는 다양한 경험과 능력으로 멀티플레이어가 된 N군을 선택하게 될 것이다.

프리랜서도 멀티플레이어가 되어야 한다

미래학자들은 미래는 정규직이 각광받던 시대가 아닌 프리랜서의 시대가 될 것이라고 예언한다. 취업난이 점점 더 심각해짐에 따라 평생직장보다는 평생 직업을 찾아야 한다는 것이다.

이미 정규직을 구하지 못한 많은 사람들이 프리랜서로 활동하거나 다니던 직장을 그만 두고 전문성을 살려 프리랜서로 활동하는 경우가 많다. 말 그대로 프리랜서는 누구나 자유롭게 할 수 있는 일이기 때문에 경쟁이 심하다는 게 특징이다. 이러한 경쟁시장에서 누군가에게 선택받기 위해서는 남들과 다른 특별한 능력을 가지고 있어야만 차별화될 수 있으며 원하는 목표를 달성할 수 있다.

프리랜서가 반드시 갖추어야 할 다른 능력은 바로 멀티플레이어 능력이다. 멀티플레이어 능력이 있다는 것은 내가 한 분야의 일만 할 수 있는 것이 아니라 다양한 분야의 업무를 동시에 진행할 수 있어 그만큼 일할 수 있는 환경이나 기회가 많다는 것을 의미한다.

중소기업의 사장 P는 IMF 때 매출이 떨어져 회사가 기울어지자 새로운 능력을 개발해야 한다는 결심을 하게 되었다. 그는 기업을 운영하는 일 외에 자신이 잘 할 수 있는 일이 무엇인가를 고민해 보았다. 결국 자신이 일해 왔던 제조업 부분의 경험을 바탕으로 경영컨설팅이라는 사업을 준비하기 시작했다. P씨가 선택한 경영컨설팅이라는 사업은 처음으로 사업을 시작하는 사람들이나 회사 운영이 어려운 사람들에게 성공적인 기업으로 발전할 수 있는 도움을 주는 것이었다. P씨는 전문성을 높이기 위해 경영대학원을 마치고 현재 대학원 박사과정으로 경영학을 전공하고 있다.

현재 P씨는 석사과정에서 습득한 관련 지식과 현장 경험을 접목해 전국 무대에서 소위 잘 나가는 경영컨설팅 전문가로 활동하고 있다. 처음에는 중소기업 사장으로서 경영컨설턴트를 겸했지만 점차 경영컨설팅 일이 많아짐에 따라 사업을 접고, 지금은 전문 프리랜서가 되어 경영컨설턴트로 일하고 있다. P씨는 현재 중소기업을 운영할 때보다 막대한 수입을 올리고 있으며, 지금의 일에 행복을 느끼고 있다. P씨가 성공적인 경영컨설턴트로 거듭날 수 있었던 것은 위기를 기회로 인식해 미래를 준비했기 때문이었다.

창업도 멀티플레이어 전략을 고려해야 성공한다

경기가 어려워지면 직장을 잃은 대다수의 사람들이 창업을 꿈꾼다. 취업난이 심각해지면서 많은 젊은이들이 창업을 고려하고 있다. 그러나 특별한 기술 없이 남들이 다하는 분야를 선택해 창업을 하게 되면 결국 치열한 경쟁에서 살아남기 어려워진다.

성인을 대상으로 한 교육 프로그램 중에 수강생이 제일 많이 몰리는 강좌는 부동산 중개인 자격증 취득과정이다. 매년 10만 이상이 시험을 보고 있으며, 그 중 약 10~15%가 합격하는 추세이다. 그러나 이들 가운데 창업을 하는 사람은 10% 남짓이며, 그 중 수익을 올리는 업소는 불과 10%에 해당된다. 나머지는 임대료와 직원 임금을 해결하지 못해 빠르게는 6개월, 길게는 1년 사이 문을 닫는다. 부동산 중개인 자격증을 취득하고, 부동산 중개업소에 취직해 충분히 실무를 익힌 다음 창업을 하는데도 불구하고 성공하는 사람이 매우 적다는 것이다. 이들이 실패한 원인은 무엇일까? 그것은 경쟁력이 없는 상태에서 창업을 하거나 지역 주민과 긴밀한 인맥을 맺지 못한데서 비롯된다. 반면에 성공한 업소는 소비자들에게 다른 업소와는 차별적인 원스톱 서비스를 제공해 주거나 지역 주민들과 긴밀한 관계를 통해 재산을 종합적으로 관리하는 경우가 많다.

소비 심리가 얼어붙으면서 창업 시장에는 '가격파괴' 가 불어 닥쳤다. 저가 아이템은 신규 창업보다는 업종 전환에서 많이 발견할 수 있었고, 숍인숍(Shop in Shop)과 2~3개 아이템을 함께 판매하는 점포의 복합화 즉 멀티플레이어 숍이 붐을 일으키기도 했다.

외식업계에서는 웰빙 열풍으로 감자탕, 보쌈 등이 상당한 수입을 올렸다. 이들은 다양한 경영 전략 즉 멀티플레이어 전략을 통해 불황 속에서도 선전한 아이템이었다.

한 감자탕 전문점에서는 3분 안에 손님이 주문하는 메뉴를 제공해 패스트 푸드 서비스로 소비자들의 욕구에 부응해 인기를 얻었다. 또한 찾아오는 손님에게만 음식을 판매하는 것이 아니라 테이크 아웃으로 매출을 증대시켰다. 테이크

아웃으로 배달 비용을 절감하고, 매장을 찾아온 손님에게 좀 더 저렴한 가격으로 음식을 판매하자 꾸준히 수요가 증가해 지금은 전국에 체인점 18개를 낸 상태이다.

요즘의 창업 컨설팅은 다양한 소비자의 욕구를 충족시키는 멀티 브랜드 전략의 필요성을 강조하고 있다. 소비자들이 멀티 브랜드에 관심을 갖는 것은 백화점이나 대형 유통 할인점에서 소비하는 습관이 생활화되었기 때문이다.

멀티 브랜드 전략으로 성공한 가게들을 보면 커피 전문점에서 허브를 판매하고, 설렁탕 전문점에서 보쌈을 파는 등 서로 궁합이 맞는 식재료로 새로운 메뉴를 선보였다. 이외에도 오징어와 삼겹살을 혼합한 오삼불고기, 쭈꾸미와 삼겹살을 섞은 쭈삼불고기, 돈까스와 카레, 카레 덮밥, 돈까스 버거와 같은 메뉴의 멀티 전략이 성공하기도 하였다. 그러나 장기적인 브랜드 전략 측면에서 이러한 복합화는 메뉴의 수명을 단축시키고 브랜드의 질적 저하를 초래할 수 있다는 단점이 있다. 하지만 소비자들의 다양한 욕구를 충족시키기 위해 새로운 메뉴 개발은 반드시 필요하다고 창업 컨설턴트들은 말한다.

결국 창업에 성공하기 위해서는 소비자들의 다양한 욕구를 충족시킬 수 있는 멀티플레이어가 되어야 한다.

노령사회는 멀티플레이어가 되도록 요구한다

현대의학의 눈부신 발전과 생활수준의 발달로 인간의 평균 수명이 점차 늘어나면서 현대 사회는 많은 문제에 직면하게 되었다. 2019년 이후 우리나라 노인 인구는 14%, 2025년에는 초고령화 사회에 해당하는 20%에 도달하게 된다고 한다. 우리나라 노인의 평균 수명은 1960년에 52.4세였던 것이 약 40년 동안 빠른 속도로 증가해 2000년 74.9세 2002년에는 약 25세가 증가한 76.53세가 되었다. 앞으로도 평균 수명은 계속 증가해 게놈 프로젝트가 완성되는 2010년에는 평균 수명이 100세가 될 것으로 예상된다.

지금은 노인 부양 비율이 OECD 국가 중 비교적 낮은 수준이지만 2025년 후에는 평균과 유사한 수준이 될 것이고, 50년 후에는 일본에 이어 우리나라가 두 번째로 높은 노인 부양 비율을 나타낼 것이라는 전망이다. 고령화 사회에 따른 문제점으로는 아무래도 경제적인 문제를 들 수 있다. 우선 노동력이 감소하고, 연금 등 사회 복지 비용이 많이 투자될 것이며, 그에 따른 인구 부양 층이 고통을 받고 경제 둔화를 이끌게 된다는 것이다. 결국 언젠가는 노인들이 자생적으로 세상을 살아갈 수밖에 없다는 것이다.

지금 우리나라는 현재 평균 정년이 54세로 한창 일할 나이에 직장을 그만 두어야 하는 실정이다. 그렇다면 50대에 퇴직하게 될 우리는 과연 나머지 50년을 어떻게 먹고 살아야 할까? 실제로 많은 퇴직금을 받으면 안정적인 노후를 보낼 수 있을 것이라고 생각했던 노인들도 현재 사회에 필요한 인재가 되기 위해 자기계발을 하고 있나. 회사에서는 이 문제를 해결하기 위해 퇴직 전 교육을 통해 퇴직 후 새로운 일자리를 찾아주기 위한 노력을 전개하고 있다.

정부도 이 문제를 적극적으로 해결하기 위해 노인 일자리 지원 사업을 추진 중에 있다. 일자리 지원 사업은 노인들을 위한 일자리 3만 5천 개를 창출하기 위해 올해 정부 예산 425억 원을 책정해 각 시·도와 산하 시·군·구 등 지방 자치 단체의 형편에 맞춰 적절히 할당되었다. 노인 일자리는 주로 자립 지원형인 지하철 택배, 세탁소 운영, 도시락 배달 등의 일자리와 교육형 일자리인 숲의 생태·문화재 해설사, 교육 강사 등의 일자리가 있으며, 복지형 일자리인 독거노인과 고령·중증장애 노인 등을 보살피는 일이 있다. 그러나 현재 정부가 시행 중인 노인 일자리 사업의 혜택을 받는 노인은 전국 100만 명에 이르는 구직 희망 노인을 고려했을 때 턱없이 부족한 숫자다.

이제 정년이 보장되거나 많은 연금을 탈 수 있는 직장에 다니고 있다 하더라도 퇴직 후를 준비하지 않으면 안 되는 시대가 되었다. 노인들도 멀티플레이어가 되지 않으면 하는 일 없이 집에만 있어야 하는 시대가 온 것이다.

올해 63세의 L씨는 지난 20년간 9개의 학위를 받아 유명해진 분으로 공부에 대한 그의 도전은 나이 40을 넘어 방송대 농학과 3학년에 편입하면서부터 시작되었다. 그 후 지금까지 20여 년간 그의 신분은 대학생이었다. L씨가 그동안 방송대에서 졸업한 학과는 농학과, 국문학과, 행정학과, 법학과, 경제학과, 교육과, 경영학과, 환경보건학과까지 8개 학과, 고려대 심리학과의 학위까지 모두 9개이다. 사실 방송대는 들어가기는 쉬워도 졸업하기는 쉽지 않다는 평을 듣고 있다. 그는 직장을 다니면서도 자기계발에 게으르지 않았던 것이다. 그는 9개의 학위로 방송대에서 '최다학위 평생학습상'을 받았다.

이 같은 이력 때문에 '직업이 대학생'이란 말을 듣기도 했지만 L씨는 오히려 "지식이 없으면 살아남을 수 없다."며 평생학습 사회의 신봉자임을 자처한다. 그는 "나이든 사람이 공부하지 않으면 젊은 사람에게 자리를 내줘야 한다."면서 "평생직장 개념이 사라진 평생학습 사회에서 살아남는 길은 공부 밖에 없다."고 말했다. 그는 "산에 오른 자만이 산 정상의 맛을 알 수 있듯, 배움의 기쁨을 알고 평생 그 기쁨을 누리려고 하다 보니 이런 기록을 세우게 됐다."고 말했다.

석·박사 학위 도전에 대해 "깊이 공부하는 것은 학자들의 몫이다."라고 겸손해 하면서도 "직장이나 사회에서 자기 자리를 지키기 위해서라도 공부는 필요하다."고 말했다.

평균 수명 100세를 누리는 시대에서 퇴직 후 50년 이상의 사회에서 제대로 대접 받으며 일하기 위해서는 L씨처럼 멀티플레이어가 되어야 한다. 이는 자신의 전문 분야를 바탕으로 노후에도 꾸준히 할 수 있는 새로운 일자리를 위한 자기계발을 준비해야 한다는 것을 의미한다. 정부의 정책이나 연금에 의지해 살기에는 우리의 인생이 너무 길고, 긴 시간을 일하지 않고 산다는 것은 삶의 진정한 가치와 자신의 존재 의미를 잃을 수 있는 위험한 생각이다. 멀티플레이어가 되어 노후를 대비할 수만 있다면 노동의 가치와 자신의 능력에 대한 새로운 발견이 가능한 인간다운 삶을 살아갈 수 있지 않을까?

여성 멀티플레이어가 뜨고 있다

최근 각 분야에서 여성들의 활약이 두드러지고 있다. 여성의 경제활동 참가율은 48.3%로 조사됐는데, 초등학교 여교사가 전체 교사의 66.4%, 대학생 중 여대생의 비율이

36.6%를 차지하고 있는 것으로 나타났다. 각종 시험에서 여성들이 수석을 차지하는가 하면, 남성 중심의 각계각층에서 여성의 활약이 두드러지고, 여성 CEO가 탄생하는 등 여성이 주도하는 시대를 예고하고 있다.

이처럼 여성들의 활약이 두드러지게 된 데에는 여성들이 멀티플레이어의 능력을 키워나갔기 때문이다. 한 가정의 딸로 시작해 아내·엄마·며느리의 역할을 수행하며 이미 멀티플레이어로서의 자질을 갖추게 되는 것이다. 같은 여자인 어머니를 통해 미래의 역할을 배우며 멀티플레이어에 대한 잠재의식을 가지고 성장한다. 또한 여성은 트렌드와 정보에 민감할 뿐만 아니라 남자보다 외국어와 이질적인 문화를 흡수하는 속도가 빠르고 약한 존재처럼 보이지만 인내력이 강한 존재이다. 비록 여성의 신체 구조가 남자보다 변화에 적응하는 속도가 느리다는 차이는 있지만 일단 목표가 설정되면 더 안정감 있게, 강인한 실천력으로 추진하기 때문에 자신을 멀티플레이어로 만들어낼 수 있는 존재이다.
여성의 멀티플레이어의 성향은 20~30세대의 여성들에게서 더욱 뚜렷이 나타나고 있다. 하나의 직업, 한 회사에 만족하지 않고 끊임없이 일을 찾고, 눈을 돌려 행동한다.

문화 콘텐츠 벤처회사를 운영하는 N씨는 한 가지 단어만으로는 그녀 자신을 소개할 수 없을 정도로 회사 경영·연극배우·모델·가수·작사·작곡가 등의 다양한 분야에서 이름을 떨치고 있다.

서울대를 그만두고 미국으로 건너간 그녀는 미국에서 학교를 다니며 인맥을 쌓고 사업의 기반을 닦았다. 영어·일어·중국어 등 5개 국어를 능숙하게 구사하는 네나 석극석인 성격 덕분에, 미국의 대표적인 의류 브랜드 회사의 독점계약을 따낼 수 있었다.

하루 3~4시간을 자도 늘 일할 시간이 부족하다는 그녀가 지금처럼 성공한 멀티플레이가 된 비결에 대해 그녀는 이렇게 말한다. "나는 한국을 세계 속에 알리겠다는 꿈을 이루기 위해 열심히 뛴 것뿐이다." 요즘처럼 복잡하고 다양한 사회가 자신을 멀티플레이로 만들었다는 것이다.

미래학자들은 미래사회는 원시시대의 모계사회가 다시 도래할 것이라고 예고한다. 이제 사회는 과단성 있고 강력한 힘을 필요로 했던 '남성정치' 시대에서 자상하게 남을 배려하는 '여성정치' 시대를 원함에 따라 여성이 사회를 주도할 수밖에 없다는 것이다.

프로페셔널의 시대에서 멀티플레이어의 시대로

90년대가 한 분야의 전문가인 프로페셔널한 인재를 원하는 시대였다면, 2000년대는 프로페셔널한 인재가 새로운 가치 창조에 한계가 있다고 여겨 새로운 가치를 창출할 수 있는 멀티플레이어형 인재를 요구하는 시대이다.

이것은 개인에게 자신의 업무만 충실하면 되는 예전과 달리 멀티플레이어로서의 창의적인 업무를 수행할 수 있는 능력을 요구하는 것이다. 이제는 남보다 성공하기 위해서가 아닌 뒤떨어지지 않기 위해 멀티플레이어가 되기 위한 자기계발이 필요한 시기인 것이다.

이러한 사회 변화를 반영해 애사심과 충성심, 기본 업무 수행 능력을 위주로 하던 직원 교육도 이제는 현장에 투입해 바로 결과를 낼 수 있는 멀티플레이어 인재를 양성하는 쪽으로 바뀌고 있다.

최근 한 기업에서 신입사원의 실무 능력 향상을 위해 새로운 교육 과정을 도입했다고 발표했다. 신입사원의 커뮤니케이션과 프레젠테이션 능력을 향상시키기 위한 '보고서 작성법'이란 교육으로 업무 결과 보고서 작성 및 프레젠테이션을 직접 하도록 구성된 과정이었다. 교육 내용도 사실과 의견, 생각 및 정보를 확실하게 구분해야 한다는 구체적

이고 실무적인 구성이었다. 또 신제품 개발 과정 체험이라
는 프로그램에서는 상품 설계 및 시장 조사, 생산, 마케팅
전략 수립, 수요 예측을 통한 수익성 전망까지 신제품을 개
발하는 모든 과정을 경험할 수 있도록 구성되어 있다.

예상대로 이 기업의 실무 능력 향상 프로그램은 상당한
효과를 거두어 다른 기업들도 이를 벤치마킹해 교육에 반영
하고 있다. 결국 한 기업의 변화가 다른 기업의 변화에도 영
향을 미치게 된 것이다.

멀티플레이어가 되면
운명이 바뀐다

서 태지는 90년대 '한국 연예계에 가장 파급력 있는 인사'라는 설문조사에서 1위를 차지했다. 그는 '난 알아요'라는 곡으로 국내 최초로 가요계에 랩을 정착시켰고, 정상을 차지한 이후에도 안주하지 않고 새로운 분야인 이모코어, 드릴 앤 베이스, 앰비언트, 하드코어, 얼터너티브 락 등의 장르를 넘나들며 꾸준히 변화를 시도해 온 멀티플레이어였다. 그의 이러한 음악적 업적과 행보는 한국 가요계에 많은 이변과 기록을 남겼으며, 지금까지도 언론 및 대중들에게 커다란 영향을 미치고 있다.

그의 학력은 공업고등학교를 중퇴한 것이 전부였다. 그러나 그는 중학교 때부터 독학으로 음악을 공부하면서 친구들과 밴드를 만들기도 하고, 그룹사운드 '활화산'을 결성하기도 했다. 고교에서 메탈 그룹 '시나위'에 입단해 신대철, 김종서 등과 베이스 기타 연주자로 활약하기도 했다.

서태지는 어린 나이에도 불구하고 예술적으로 세상을 정확히 담아내는 능력을 가지고 있었다. 통일문제가 도마 위에 올랐을 때는 음악으로 통일을 이야기했는가 하면, 한국 교육의 문제와 실태를 과감한 가사로 적나라하게 표현해 거침없는 일면을 보여주기도 했다. 그는 음악성과 사회 비판을 두루 겸비한 기수이자 예술가였다.

서태지는 상업적으로도 탁월한 능력을 지니고 있었다. 그는 시대가 어떤 음악을 원하는지 정확히 알고 있다는 듯 신곡을 발표했고, 그때마다 대중의 관심과 사랑을 독차지했다. 거기에 그치지 않고 한국 음악이 나가야 할 방향을 제시하기라도 하듯 새로운 장르로 우리를 놀라게 했으며, 어떤 곡을 넣어 어떤 방향으로 편곡을 해야 하는지 정확히 꿰뚫고 있었다. 청중들이 좋아할 무대 매너는 기본이었고, 그에 맞는 상업적 마케팅을 구사해 대중을 놀라게 한 뛰어난 능력의 소유자였다.

그는 한국의 연예 문화와 청중들의 심리를 정확히 간파하고 있었다. 스타의 인기가 오래가지 않고 청중들의 관심에서 금세 멀어지고 마는 우리 문화의 풍토에서 이렇게 오랫동안 세인의 관심을 받는 것은 천부적인 자질과 능력을 바탕으로 한 기획이 아니고는 어려운 일이었다. 그는 자신의 인기를 유지하고 관리하기 위해 놀라울 만큼 인내할 줄 아는 은둔과 잠적의 귀재이기도 했다.

　서태지는 정규 교육을 마쳐야 한다는 고정관념과, 공부를 잘 해야만 성공한다는 편견에 기죽어 있던 우리 아이들에게 스스로의 노력만으로도 멀티플레이어로 성공할 수 있다는 가능성을 불어 넣은 최고의 가수이다.

멀티플레이어는 부가가치가 높다

중국의 신민완바오(新民晩報) 해외 토픽에 중국 최초의 멀티플레이어 특급 가정부가 등장해 화제라는 기사가 보도 된 적이 있다. 멀티플레이어 가정부란 이전의 가정부와는 달리 한 가지 기능만을 수행하는 것이 아니라 세탁, 요리, 조경, 학습지도, 컴퓨터, 재테크 등 다양한 능력을 갖춘 가정부를 의미한다. 이 특급 가정부를 모셔가기 위해 현재 20여명의 신청자가 대기중이며, 인기가 높아지면서 더욱 많은 사람이 그녀를 찾고 있다고 한다.

특급 가정부를 직업으로 선택한 사람들 중에는 대학 이상의 고급학력을 가진 사람이 많은데, 이들이 특급 가정부를 선택한 이유는 사회적 지위와 명성이 있는 가정에 들어가 그들의 생활 방식과 성공법을 배울 수 있기 때문이라고 밝혔다. 그러나 특급 가정부가 되려면 3개월 동안 엄격한 훈련과정을 거쳐야 한다고 한다. 주 교육 내용은 가사, 교제, 위생, 안전, 기본 반찬과 국 조리, 서양식 요리, 애완동물 사육, 가전제품 조작, 노인과 어린이 돌보기 등에 관한 교육을 받는다고 한다. 소위 가정부로서 멀티플레이어가 되기 위한 교육인 것이다.

멀티플레이어 특급 가정부의 급여는 월 1,800~2,200위안(약 27~33만 원) 수준으로 중국 대도시의 비숙련 노동자의 한달 임금이 8~15만 원, 중·소도시의 경우 6~10만 원, 대졸 직장인의 초봉이 20~40만 원인 것과 비교했을 때 적지 않은 수입이다.

이처럼 멀티플레이어는 기존의 정해진 업무에 새로운 업무를 추가할 수 있는 능력을 갖게 될 때 부가가치가 높아진다. 이러한 부가가치는 추가되는 업무에 따라 더욱 높은 부가가치를 낳는다. 이는 한 분야의 경력이 높을수록 그에 따른 부가가치를 인정받는 것과 마찬가지로 멀티플레이어로서 할 수 있는 분야가 다양해지면 부가가치 또한 더욱 높아지는 것이다. 또한 남들이 할 수 있는 멀티플레이어보다는 남들이 하지 못하는 분야의 멀티플레이어가 희소성의 가치 높아 더욱 높은 부가가치를 낳는다.

브리검영대학교 부총장을 역임하고 코비 리더십 센터를 설립해 운영하고 있는 세계적인 명강사 스티븐 코비는 경영학 관련 프로페셔널 멀티플레이어이다. 그의 저서 《성공하는 사람의 7가지 습관》은 현재 28개국의 언어로 번역돼 70여 개국에 1,500만 부 이상 팔려나갔다. 그의 가치는 이미 책을 통한 어마어마한 수익으로 검증됐으며, 현재 그는 한 번의 강연으로 2만 6천 달러를 받는 국제적 컨설턴트로 인정받고 있다. 박사학위를 받은 대학 강사가 3만 원 내외의 강사료를 받는 것에 비해 그는 그것의 800배에 해당하는 엄청난 부가가치를 지니고 있는 것이다. 이처럼 자기 분야에 더욱 깊은 전문성을 가지고 폭넓은 시야를 갖게 될 때 부가가치는 천문학적인 숫자가 될 수 있다.

멀티플레이어는 어떤 역경도 견딜 수 있는 자신감이 있다

자신감(自信感)이라는 단어를 풀이하면 말 그대로 자기 자신에 대한 신뢰의 느낌이라 할 수 있다. 결과적으로 자신감을 얻기 위해서는 자기 자신을 신뢰하면 되는 것이다. 그렇다면 어떻게 하는 것이 자신을 신뢰하는 것일까?

자신감은 자신의 인생 전반에서 뭔가를 개선하고자 시도하는 도중에 여러 가지 경험과 행동이 쌓여 얻어지는 자기 신뢰에서 오는 것이다. 이러한 의미에서 멀티플레이어는 자신의 성공을 위해 부단한 자기계발 과정의 여러 가지 경험과 행동을 통해 자기를 신뢰하게 된 사람들이다.

멀티플레이어들은 새로운 세계를 향해 도전하면서 스스로 세상을 살아갈 수 있는 감각과 노하우를 길러낸 사람들이라 할 수 있다. 그들은 그렇게 축적된 행동과 성취감을 통해 자신을 바라보는 눈높이를 높이고 자신감을 더욱 향상시킨다. 그러나 자신감은 만족스러운 경험만으로 습득되는 것이 아니다. 때로는 고통이나 시련 등의 어려움을 통해 자신감이 길러지고 강화되기도 한다.

자신감이 없는 사람은 미래에 대한 불안으로 비굴해지기 쉽고, 자기 핑계와 합리화를 위안삼아 고통을 피하려고만 하는 노력하지 않는 사람이 되기 쉽다. 그러나 자신감이 있는 사람은 그 자신감으로 다가올 불안을 극복하고, 자신감으로 일에 도전한다.

멀티플레이어들은 도전이라는 이름 아래 겪게 되는 고통과 시련의 어려움을 통해 더욱 강해지기 때문에 실패나 환경을 두려워하지 않는다. 또한 어떤 어려운 환경에서도 다시 일어 설 수 있다는 믿음이 있기 때문에 미래를 두려워하지 않게 되는 것이다.

나에게는 절친한 A라는 친구가 있다. 그는 국내의 자동차를 만드는 대기업 과장으로 소위 잘 나가는 직장인이었다. 외국에서 지점장을 하기도 했고, 회사에서도 높은 평가를 받아 부장까지도 쉽게 진급을 예상할 수 있었다. 그러나 A는 부장 진급 이후 더 이상 진급할 수 없다는 것을 알고 있었다. 그는 오랜 고민 끝에 제2의 인생을 살기로 다짐하고 자영업을 목표로 철저히 준비를 시작했다. 그는 직장을 다니며 퇴근 후의 시간과 새벽 시간을 이용해 공인중개사 자격증과 주택관리사 자격증 취득을 위해 학원에 다녔다. 그리고 그는 결국 공인중개사 자격증과 주택관리사 자격증을 취득할 수 있었다. 그때 IMF의 여파가 불어 닥치면서 A의 회사는 구조조정을 하게 되었다. 미래를 준비하지 않은 동료들은 깊은 충격에 빠져 회사에 하소연을 하기도 했고, 노동부에 찾아가 부당 해고로 고발을 하기도 했으며, 정신적인 충격으로 병원에 입원하기도 했다. 그러나 A는 언젠가 다가올 퇴직을 대비해 2개의 자격증을 준비했기 때문에 자신감을 갖고 있었다. A는 동료들이 방황하는 사이 아파트 단지 내에 부동산 중개인 사무실을 개업했다. 그는 지금 그 지역에서 나름대로 잘 나가는 부동산 중개업소로 이름을 날리며 지금 같은 불경기에도 골프장에 나가는 여유로운 삶을 살고 있다.

멀티플레이어는 유능하다

성공한 사람을 만나보면 알겠지만 그들의 성공 요인은 여러 가지 요인 중에서도 유능하다는 것이다. 유능이란 한 마디로 전문적인 능력을 가지고 있다는 말이다. 즉 자기가 속해 있는 조직이나 사회에서 꼭 필요한 실력 혹은 일을 효율적으로 처리해 조직이나 사회에 이익을 가져다 주는 능력을 말한다. 그러한 유능은 선천적으로 타고나는 경우도 있지만 대부분 후천적인 노력에 의해 만들어진다.

멀티플레이어는 해당 분야의 폭넓은 지식은 물론 다양한 분야를 두루 섭렵해 자기가 속한 조직이나 사회에 꼭 필요한 능력으로 업무를 효율적으로 처리해 이익을 창출하기 때문에 유능하다는 말을 들을 수밖에 없다.

그렇기 때문에 멀티플레이어는 조직이나 사회에 꼭 필요한 인재로 자리를 잡을 수 있으며, 조직과 사회를 이끌어 갈 인재로 성장할 확률이 높다.

B선생님은 신학대학을 나와 목사로 일하며 교회를 세워 목회 활동을 하고 있다. 그는 목회 활동을 하면서 자신이 멀티플레이어로서 능력을 가지고 있다는 것을 발견해 목사로서의 능력 한 가지만을 활용하는 것보다 다양한 능력을 활용하는 것이 좋겠다는 생각을 하게 되었다. 그는 자신이 가장 잘할 수 있는 일이 무엇인가를 고민한 끝에 설교 능력이 뛰어나다는 것을 깨닫고 일반인을 대상으로 스피치를 가르치는 '스피치 연구소'를 설립했다. 그는 현재

수강생을 모집하고 제자를 양성하기 위해 매일 교육을 실시하고 있다. 그런 와중에도 그는 자신의 지식을 글로 풀어 2년 동안 6권의 책을 베스트셀러로 만드는 저력을 보였다.

그의 명성이 높아지자 전국에서 강의가 쇄도하기 시작해 그는 지금 전국을 누비며 강의를 하고 있다. 그러나 바쁜 와중에도 20개가 넘는 각종 위원회와 민간단체에서 임원을 맡고 있다. 각종 위원회의 모임이 1년에 한 번이라 해도 매달 1~2번 이상의 모임을 가져야 한다는 계산이 나온다. 남들은 한 가지도 하기 힘든 일을 그는 2가지의 지위에서 수많은 역할을 맡고 있다. 결국 매달 두 번 이상의 공식적인 모임에 참여해 회의를 하는 스페셜 멀티플레이어인 것이다. 그러다 보니 더 많은 기관과 단체에서 임원을 맡아 달라는 주문을 수없이 받고 있다는 것이다.

멀티플레이어는 변화를 선도하는 리더다

데이비드 티렌의 《빌 게이츠 따라잡기》라는 책을 보면 마이크로소프트사가 변화를 선도해 오늘날 세계에서 최고의 부자 회사가 된 배경을 이렇게 이야기하고 있다.

마이크로소프트는 도스(DOS)가 이루어 낸 회사라고 불린다. MS-DOS는 마이크로소프트 초창기에 빌 게이츠에게 수익의 대부분을 창출해 준 황금알을 낳는 거위였다. 최소한의 광고와 개발비도 필요하지 않았기 때문에 팔리는 대로 회사는 순이익을 남길 수 있었다. 그러나 현재는 더 이상 MS-DOS를 팔지 않는다. 누가 마이크로소프트에 막대한 이익을 가져다 준 MS-DOS를 무용지물로 만들었을까? 장본인은 다름 아닌 마이크로소프트 자신이었으며, 그것은 계획된 의도였다.

회사에게 큰 이익을 가져다 준 MS-DOS를 포기하기란 쉽지 않은 일이었을 것이다. 그러나 마이크로소프트는 MS-DOS가 막대한 수익을 올리고 있음에도 불구하고 과감하게 MS-DOS를 버리고, MS-WINDOWS 시장으로 진입하였다. MS-WINDOWS가 성공할 수 있을지도 모르는 상황에서 그들은 MS-WINDOWS로 세상의 변화를 선도하려고 노력했다. 결과적으로 MS-WINDOWS는 세상의 변화를 선도했고, 이제 마이크로소프트사는 그 누구도 따라가기 힘들 정도로 세계 최고의 부자 회사가 되었다. 이처럼 성공하는 사람들의 특징은 시대를 정확히 읽고, 세상의 변화를 선도한다는 데 있다.

지식기반 사회에서는 기업에 던져지는 과제 역시 변화를

선도하는 것이다. 정보통신 기술의 혁명적 발전에 힘입어 세계화가 급진전되고 있는 지금 무한경쟁시대에 변화를 선도하려면 한정된 인적·물적 자원을 핵심 역량에 집중하는 것이 무엇보다 절실하다. 또한 기업이 보유한 지식과 정보로 부가가치를 창출하고 경쟁력을 높이려면 결국 이러한 지식과 정보를 창출하고 활용하는 멀티플레이어가 절대적으로 필요한 것이다.

변화에 대한 사람들의 태도는 주로 세 가지 타입으로 나뉜다. 변화를 문제가 아닌 기회로 삼아 적극적으로 활용하는 사람, 간신히 변화를 따라가는 사람 그리고 변화나 문제를 활용하지 못하고 그 자리에 주저앉는 사람이다.

멀티플레이어는 변화를 문제가 아닌 기회로 삼아 적극적으로 활용하는 사람을 의미한다. 따라서 마이크로소프트가 최상이었던 자신을 버리고 남들이 따라오지 못할 변화로 오늘날 최고의 정상이 되었듯 멀티플레이어는 변화를 선도하는 리더인 것이다.

멀티플레이어는 신뢰감을 준다

신뢰감(信賴感)이란 믿고 의지하는 마음을 말한다. 사람들은 신뢰도가 높으면 높을수록 그 사람에게 더욱 의지하려는 경향이 있다. 그때 당신은 그들에게 영향력을 행사할 수 있는 특권을 갖게 된다. 반대로 당신의 신뢰도가 낮으면 낮을수록 사람들은 당신을 덜 의지하고 결과적으로 당신은 사람들에게 영향을 끼칠 수 있는 당신의 입지를 잃게 된다.

처음부터 상대에게 신뢰감을 심어주어야 같이 일할 수 있는 기회와 진급, 리더가 될 가능성이 높다. 그래서 요즘 신뢰감을 얻는 방법을 가르치는 교육 프로그램을 만들어 운영하는 곳도 생겨나고 있는 실정이다. 이것은 사람들로부터 신뢰감을 얻기가 얼마나 어려운 일인가를 반증하는 하는 것과 동시에 신뢰감을 얻으려는 사람들의 수요가 늘어나고 있다는 것을 말해준다.

아이젠하워는 이렇게 말했다. "지도자에게는 지도할 사람이 있어야 한다. 피지도자를 얻기 위해서는 신뢰감이 있어야 한다. 그러므로 지도자에게 최상의 자질이란 말할 것도 없이 신뢰성이다. 그가 어느 곳에 있든지 그것이 폭력 조직이든 축구팀이든 군대든 사무실이든 간에 신뢰성 없이는 진정한 성공에 이를 수 없다. 만약 동료들이 그에게서 형편없는 모습을 발견했거나 일관된 신뢰성을 발견하지 못한다면 그는 실패할 수밖에 없다. 지도자는 언행이 일치해야 한다. 지도자에게 가장 필요한 것은 신뢰성과 원대한 목표이다."

멀티플레이어는 전문성과 다양성으로 이미 능력을 인정 받은 사람이다. 멀티플레이어가 가진 자기계발에 관련된 연수 경력, 교육 경력, 자격증 보유 현황은 능력을 인정받는 데 중요한 근거 자료가 되고 있다. 따라서 멀티플레이어가 되면 신뢰감을 얻기 위한 별다른 노력을 하지 않아도 자연스럽게 업무 능력으로 신뢰감을 끌이 낼 수 있다.

멀티플레이어는 차별화 된 삶을 살 수 있다

오늘날은 그 어느 때보다 '차별화를 강조하는 시대' 이다. 예전에는 무엇을 하든 남들만큼만 하면 먹고 살아가는 데 별다른 문제가 없었다. 그러나 요즘은 남과 같은 정도로는 생계유지조차 하기 힘든 세상이 되었다.

휴대폰 시장만 해도 독특한 기능을 추가하거나 월등한 성능이 있어야만 시장 선점의 효과를 누릴 수 있다. 휴대폰 모델의 변화 속도도 점차 빨라져 3개월이면 새로운 모델이 속속 출시되고 있는 실정이다. 이러한 현상은 휴대폰 시장뿐만 아니라 모든 분야에 걸쳐 일어나고 있다. 광고나 마케팅 전략만 해도 이 물건을 사용함으로써 소비자가 '나는 다른 사람과 다르다' 고 느낄 수 있는 상품이 시장 지배력이 높다는 것을 착안해 진행되고 있다. 결국 변덕이 심한 소비자들의 마음을 사로잡기 위해서는 처절한 몸부림이 있어야만 경쟁에서 살아남을 수 있다는 것이다.

차별화는 개인에게도 예외가 아니다. 예전에는 대학을 나온 것만으로도 남들과 차별화 된 삶을 살 수 있었지만 요즘은 대학원을 나와도 남들과 다른 삶을 살기는 어렵다. 내가 가진 차별성도 시간이 지나면 평범하고 쓸모없는 것이 되는 시대가 온 것이다.

오늘날은 모든 사람들이 살벌한 생존경쟁 시대에 살고 있다. 그러한 시대에 살아가는 우리는 어떠한 목적을 위해 남들과 달라지지 않으면 안 된다. 그렇다면 어떻게 달라져야 하는가? 해답은 멀티플레이어에 있다. 남들이 갖지 못한 전문적인 지식을 쌓거나 다양한 분야에 능통한 멀티플레이어는 일상의 만남을 차별화된 만남으로 만들어 준다. 나아가 자기의 능력만으로 자신이 원하는 차별화된 삶을 살아갈 수 있는 기회를 얻을 수 있기 때문이다.

멀티플레이어는 문제해결 능력이 높다

기업의 인사 담당자들은 "구직자들은 밀려들고 있지만 필요한 인재를 찾기는 너무 힘들다."고 하소연한다. 왜냐하면 '지식 집약적 가치'를 중시하는 사회에서는 '열심히' 일하는 사람만으로는 수익을 올릴 수 없고, '전문 지식'만으로는 목적을 달성할 수도 없기 때문이다. 결론부터 말해 기업은 자신이 가진 모든 자원을 활용해 문제를 해결할 수 있는 인재를 원하는 것이다.

우리가 흔히 말하는 문제해결 능력이란 당면한 문제를 어떻게 해야 가장 이상적인 결과로 이어갈 수 있는가에 대한 끝없는 사고의 진행과정 즉 사고의 구체화라고 할 수 있다.

경제협력개발기구(OECD)가 고등학생을 대상으로 학업 성취도 국제 비교 연구를 실시한 결과, 우리나라 학생들은 '문제해결 능력' 영역에서 세계 1위를 차지했다. 또 읽기 2위, 수학 3위, 과학 4위로 전 영역에서 최상위권을 기록했으며, 핀란드에 이어 종합성적 세계 2위를 차지했다. 이 같은 결과에 대해 전문가들은 '평준화 정책의 성과', '7차 교육과정의 결실', '사교육의 영향', '높은 교육열의 결과' 등의 다양한 해석을 내놓았다.

이러한 해석 이외에도 우리 학생들은 어릴 때부터 컴퓨터를 이용한 인터넷 환경에 익숙하고, 각종 전자기기의 활용을 통해 다양한 경험을 쌓았으며, 이러한 경험들이 문제해결 능력에 상당한 도움을 주었을 것이라는 예측이 가능해 진다.

문제해결에서 나타나는 사고 과정은 주어진 사물이나 특성을 재빠르게 인지하는 능력, 사물이나 아이디어를 분류하는 능력, 관계를 인지하는 능력, 대안적인 결과를 생각해 내는 능력, 목적의 특성을 나열하는 능력, 논리적인 해결책을 만들어내는 능력 등이 종합적으로 필요하다.

　특히 멀티플레이어는 다양한 지식과 경험으로 주어진 사물과 특성을 재빨리 인지하는 능력이 높다. 다양한 지식을 알고 있기 때문에 지식 간의 관계를 파악해 대안을 도출하는 능력이 높으며, 다양한 분야를 섭렵한 덕분에 목적의 특성을 나열하는 능력도 높다. 당연히 논리적인 해결책을 만들어내는 능력도 높을 수밖에 없다.

멀티플레이어는 창의성이 높다

　창의성은 사회·문화적 맥락에서 가치있고 실현 가능한 독창적 사고나 산출물로써 문제를 해결할 수 있는 능력을 말한다. 간단히 말해 '새로운 것을 만들어 낼 수 있는 기질'로 정의할 수 있다.

　최근에 와서 창의성은 인간의 지적 자산 중 가장 중요한 항목으로 인식되고 있다. 그래서 우리나라를 비롯한 대다수의 국가에서는 창의력 개발을 교육의 중요한 당면 과제로 삼고 있는 것이다.

창의적인 사고력이 중요한 까닭은 창의력 개발을 통해 생활에 필요한 상품의 질을 개선함은 물론 인류가 미래에 직면하게 될 각종 문제를 해결해 삶의 질을 향상시키려는 데 목저이 있다. 따라서 성장을 목적으로 하는 기업들은 창의성을 가진 인재가 필요하고, 사회와 국가는 창의적인 능력을 가진 사람에 의해 발전하는 것이다. 창의력 증진은 현대 교육에서 강조하는 고차원적인 정신 기능의 하나이다.

창의적으로 사고하는 과정은 사물의 차별화 된 특성을 주목하는 행위에서부터 출발한다. 그리고 이 차별성을 기본으로 사물을 보고, 사물 간의 차이를 재빨리 파악해 새로운 것을 창조해 내는 과정으로 이어진다.

멀티플레이어는 일반 사람들보다 훨씬 더 많은 것을 보고 경험했기 때문에 사물의 차이를 정확히 인식해 새로운 것을 만들어 내는 사고가 자연스럽게 이루어진다. 창의성은 자유로움 속에서 길러지는 것이므로 자신의 자유의지로 자기계발을 통해 멀티플레이어가 된 사람은 더 높은 창의력이 있음을 발견할 수 있다. 아이디어맨으로 불리는 사람들의 특성을 분석해 봐도 다양한 경험과 지식을 가진 멀티플레이어가 많다.

멀티플레이어는 기업에서 꼭 필요한 인재가 된다

시간이 흐를수록 기업이 원하는 인재상은 변화되고 있다. 기존의 회사가 강조했던 애사심과 충성심만으로는 생각의 속도로 변화하는 기업 환경을 따라갈 수 없기 때문이다. 기업은 당장 실무에 투입할 수 있는 인재를 원한다. 이제 기업은 상명하달로 운영되던 과거와는 달리 프로젝트로 팀이 운영되기 때문에 자신의 업무만 능숙해서는 살아남을 수 없다. 경우에 따라서는 고객과 협상을 해야 하고, 현장에서 일어나는 문제를 곧바로 해결할 수 있어야 한다. 또 직책이 낮더라도 팀장의 역할을 해낼 수 있어야 한다. 즉 멀티플레이어를 원하고 있는 것이다.

온라인 리크루팅 업체 잡코리아가 기업의 인사담당자 1,298명을 대상으로 기업에서 요구하는 인재상에 대한 설문조사를 실시한 적이 있다. 그 결과 창의성이 있고, 실무 대처 능력이 있는 사람을 26.6%의 기업이 원하고 있는 것으로 나타났다. 다음으로는 '도전 정신과 추진력이 강한 사람'이 26.2%로 2위를 차지했으며, '다재다능한 멀티플레이어형 인재'가 24.3%, '유연성 및 변화 적응력이 있는 사람'이 11.7%, '결정력이 있는 사람'이 5.5%, 이외에 '조직력과 대인관계가 좋은 사람', '꾸준히 노력하는 사람' 등이 선호 인재상으로 조사됐다. 특히 벤처기업이나 중소기업의 경우 성과창출의 직업능력에 대한 선호도가 높은 반면 대기업은 기업의 핵심 역량을 보유한 인재나 멀티플레이어형 인재에 대한 선호도가 높았다.

실제로 국내 굴지이 9개 기업의 인사 담당자들을 대싱으로 기업이 원하는 인재상을 조사한 결과 주요 기업들이 다음과 같은 사항을 기본 요건으로 제시했다.

첫째, 창조적인 능력을 가진 인재를 중요시한다. 보편적인 스타일의 몰개성적인 사람보다는 개성이 있고. 전문가적인 식견을 갖추어 언제나 새로운 것을 추구하는 사람을 중요시한다.

둘째, 원활한 의사소통 능력을 가진 사람을 요구한다. 기업에서는 직장 내 상하 간은 물론이고 동료와 고객에게 자신의 의도를 분명하고 설득력 있게 전달할 수 있어야 한다. 즉 상호 존중과 깨끗한 매너로 주변 사람들과의 원만한 의사소통을 바탕으로 대인관계를 유지할 수 있는 원활한 인재를 중요시한다.

셋째, 인간적인 신뢰가 있어야 한다. 아무리 재능이 뛰어나도 신뢰가 따르지 않으면 곤란하다. 어려울 때 배반하지 않고 회사의 기밀을 철저히 지켜 무엇이든 맡길 수 있는 품성을 지녀야 한다. 신용을 지키고 책임을 다하며 믿음이 가는 인재상을 요구하는 것이다.

넷째, 컴퓨터를 비롯한 업무에 있어 기본적인 역량을 가춘 사람을 중요시한다. 기업에서는 기본적으로 기획·문서작성, 프레젠테이션 등의 업무를 할 줄 알아야 한다. 따라서 PC를 활용한 컴퓨터 능력을 비롯해, 프레젠테이션 능력, 문제해결 능력, 기획 능력 등 기업에서 활용할 수 있는 역량을 중요시한다. 뿐만 아니라 경영의 기본적인 마인드는 필수 조건이다. 이를 바탕으로 폭넓은 교양과 끊임없는 자기계발로 변화를 리드할 수 있는 프로정신을 강조한다.

다섯째, 국제적인 감각을 중시한다. 앞에서 언급한 부분도 국제적으로 도약할 수 있는 기본적인 자질이지만, 무엇보다 영어를 비롯한 외국어 능력을 중시한다. 또한 외국어 능력과 함께 국제적인 감각을 가진 인재를 원한다. 외국 현지의 문화와 행동을 이해할 수 있는 사고의 스케일이나 행동 양식은 국제적인 인재가 갖추어야 할 마인드와 능력으로 기업들은 이를 요구하고 있다.

이 외에도 맡은 바 일을 충실히 수행할 수 있는 능력, 올바른 가치관과 윤리의식을 바탕으로 꾸준히 자기계발에 임하는 마인드와 능력을 요구하고 있다.

각 기업에서 원하는 인재의 소양과 자질을 종합해 보면 결국 해당 분야의 전문성을 확보한 사람은 물론 다양한 분야에서 전문성을 갖춘 인재를 원하고 있다는 것을 알 수 있다. 바로 멀티플레이어형 인재를 선호하고 있는 것이다. 이것은 멀티플레이가 아니면 지금과 같은 취업난에서 생존하기 어렵다는 것을 시사하고 있다.

▶ 각 기업에서 원하는 인재의 소양과 자질

구분	개인 능력 및 전문성	Global Capability	조직 및 대인관계	개인의 태도 및 가치관	기 타
삼성 전자	빠른 두뇌와 창의력·진취성, 핵심인재	국제적인 감각 및 외국어	협력, 에티켓, 인프라 네트워킹	목표의식, 열린 사고, 창의력	자본주의 시장경제에 긍정적시각
포스코	프로정신 IT능력	국제 감각, 국제 언어 구사		성실한 모습과 창의력	
SK(주)	핵심 전문 역량, IT기술 활용 능력	국제적인 안목과 능력, 외국어 구사능력	리더십, 사교자세	기업관, 적극적인 사고와 진취적인 패기, 도전정신, 창의성과 혁신성	가정 및 건강관리
신세계	실천성, 자기 계발, 지식인	국제화 능력	함께하는 열린 마음과 리더십	도덕인, 유연함	
CJ	성장잠재력, 자기분야의 전문지식	넓은 시야 국제 감각	조직과 함께 공유	환경 적응, 열린 마음, 책임감과 최고 지향	
한화	기본에 충실, 최고 지향	국제화 능력	상호존중 시민의식	신용과 의리, 변화에 적응, 경쟁 의식, 미래지향적 사고와 생활인	정직 근면 성실
한국 전력 공사	창조성, 정보화, 자기계발	국제적인 시야	조직과 사회에 봉사, 서로 돕는 협력인	미래지향적 사고, 창조인 도전정신, 계획성과 성취의지	근검 정직
SK 텔레콤	경영지식, 세계 일류 전문가, 프로근성	국제적인 비즈니스 맨	예절, 긍지	가치창조, 인간미와 도덕성, 진취적 기상, 도전의식	
현대· 기아차	학습하는 전문인	국제 감각	더불어 사는 사회 구성원	창의력, 미래를 예측 하는 사고, 진취성, 인간미, 도덕성	

미래의 생존코드
멀티플레이어

만일 당신이 진다고 생각하면 당신은 질 것이다.
만일 당신이 안 된다고 생각하면 당신은 안 될 것이다.

만일 당신이 이기고 싶다는 마음 한구석에 이건 무리라고
생각하면, 당신은 절대 이기지 못할 것이다.
만일 당신이 실패한다고 생각하면 당신은 실패할 것이다.
돌이켜 세상을 보면 마지막까지 성공을 소원한 사람만이
성공하지 않았던가?
모든 것은 사람의 마음이 결정하느니……

만일 당신이 이긴다고 생각하면 당신은 승리할 것이다.
만일 당신이 무엇인가를 진정으로 원한다면
그대로 될 것이다.
자, 다시 한번 출발해 보라.

강한 자만이 승리한다고 정해져 있지는 않다.
재빠른 자만이 이긴다고 정해져 있지도 않다.
나는 할 수 있다고 생각하는 자가 결국 승리하는 것이다.

나폴레온 힐 《 놓치고 싶지 않은 나의 꿈 나의 인생 》 中

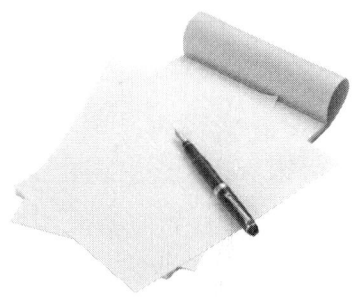

실업문제는 멀티플레이어가 해결한다

열린우리당 U 의원은 K 대학교에서 열린 '자기 소신을 가진 대학생의 가치 혁신' 이라는 초청 강연에서 "자신의 취업 문제를 정부와 연관시키는 사람은 취업 가능성이 낮다."고 주장했다.

외환위기 이후 지금까지 우리 사회는 심각한 경기침체로 인해 청년실업이 사회 문제로 대두되고 있다. 2004년 4월 말 통계청이 발표한 자료에 의하면 81만 명의 실업자 가운데 청년실업자가 약 38만 명, 청년실업률이 7.6%를 차지했다. 또한 2004년 4월 교육 통계에 따르면, 전문대학 졸업생의 취업률이 76.4%인데 반해 4년제 대학 졸업생의 취업률은 56.0%에 불과해 국가 인적자원 정책 측면에서 고급인력을 공급하는 4년제 대학의 기능과 역할의 문제가 우리나라 교육 정책의 쟁점이 되고 있다. 특히 매년 배출되는 신규 대학 졸업자의 실업문제는 일자리 부족이라는 직업 창출의 제한 외에도 기업의 고용정책 변화 등으로 실업 기간이 장기화 될 가능성이 있어 더욱 심각한 사회문제로 제기된다.

청년층의 실업은 그 자체로서도 심각한 문제지만 지금처럼 고용시장에 청년 실업자나 실망 실업자가 늘어나게 되면 사회 활력이 크게 떨어질 뿐만 아니라, 소비의 주체인 청년이 소비 능력을 상실함에 따라 기업은 이익을 얻기 힘들다. 기업의 낮은 이익은 투자와 고용을 줄이들게 만들고 다시 실업이 증가하는 악순환의 경기침체 현상으로 이어진다. 나아가 청년실업은 결혼을 늦추어 출산율 감소와 같은 장기적인 사회문제와 근로 의욕을 상실한 청년층의 사회적 일탈을 낳을 가능성을 높인다.

인간은 누구나 행복한 삶을 살기를 원하며, 행복한 삶을 사는 가장 확실한 방법은 자신이 원하는 직업을 선택해 그 일에 만족하는 것이다. 이렇게 직업을 선택하고 직업을 갖는 것이야말로 개인의 행복을 좌우하는 척도라고 할 수 있다. 따라서 개인의 생애에 가장 중요한 과업은 바로 자신의 소질과 적성에 맞는 직업을 선택해 그 일을 하는 것이라 할 수 있다. 그러나 요즘은 자신의 소질과 적성에 맞는 직업은 고사하고 취업 자체가 어려운 실정이다. 개별 대학 차원에서도 대학 졸업자의 취업률 제고를 위해 다각적인 노력을 경주해 오고 있다. 청년실업 극복을 위한 대학생 직업 능력 개발 방안에 접근하는 방법은 매우 다양하다. 그러나 그들이 고학력자라는 점을 감안하면 청년실업 극복을 위한 가장 효율적인 접근 방법 중 하나는 기업에서 요구하는 직업 능력의 개발이라고 할 수 있다.

앞서 언급한 U의원의 발언은 정부의 책임 있는 정책을 요구하는 학생들에게 자신의 취업 문제는 자신의 노력으로 해결해야 한다는 것을 강조한 것으로 볼 수 있다. U의원은 "젊은이의 90% 이상이 대학에 진학하는 우리나라에서 고학력 청년실업이라는 말 자체가 성립하지 않는다. 채워지지 않는 빈자리와 일자리를 찾는 실업자가 공존하는 구조적인 취업 문제를 정부의 탓으로 돌리기보다 스스로 멀티플레이어가 되라."고 주문했다.

결국 어려운 취업 현실 속에서 살아남기 위해서는 대학의 노력이나 정부의 노력보다는 자신의 능력을 멀티플레이어가 되어 생존능력을 키워야 한다는 것을 의미한다.

평생직장은 가고 평생직업의 시대가 왔다

직업은 개인이 살아가는 데 필요한 물질적 자원을 정당히 취득할 수 있는 수단이기도 하고, 개인의 사회적 지위를 결정해주는 동시에 자아실현의 기회를 마련해 주는 장이기도

하다. 따라서 처음 선택한 직장은 개인의 인생에 매우 중요한 역할을 수행한다. 처음 선택한 직업으로 편안한 여생을 보내기도 하지만 직업을 구하지 못하거나 잘못 선택한 직업으로 인생에 어려운 고비를 맞는 사람들을 주변에서 쉽게 찾아 볼 수 있다. 어쩌면 지금 같은 시기에 취업을 한 사람이 행운아일 수도 있다. 우리나라는 수년째 불황의 터널을 벗어나지 못하고 일자리 감소로 인한 청년실업자의 증가는 물론 삼팔선, 사오정, 오륙도 등의 신조어를 만들어 내고 있다.

얼마 전 서울시가 모집한 불법 주정차 단속 비전임 계약직에 대기업 간부, 박사학위 소지자 등 40~50대 최고급 인력이 대거 몰려 심각한 재취업난을 실감케 했다. 아울러 많은 대기업들이 외국으로 이전하는 추세로 중소기업이 국내 고용에서 차지하는 비중이 2001년 85.6%에서 현재 이보다 늘어난 90% 수준인 것으로 추산된다. 단순 계산을 하자면 5년 안에 국내 일자리의 72%가 사라진다는 얘기다. 게다가 중국에 진출해 있는 기업의 44.6%가 앞으로 국내 생산 비중을 축소하거나 중단하겠다고 한다. 기업의 해외 진출이 국내 산업의 공동화로 직결된다는 얘기다. 이렇게 되면 청년실업은 도저히 해결할 길이 없어진다. 그뿐만 아니라 중·장년층도 조만간 실업자로 전락할 수밖에 없다.
인간의 평균 수명이 늘어가고 있는 시점에서 공무원 정년인 62세도 큰 의미가 없다. 평균 수명이 100세가 된다고 가정 했을 때 나머지 40여 년의 세월을 실직자로 보내야 한다는 의미이기 때문이다. 미국을 비롯한 유럽의 선진 국가에서는 평생 동안 직장을 6~7번 바꾸고, 우리나라는 3~4번 바꾼다고 한다. 결국 사회가 발전하면 할수록 직장을 더욱 많이 바꾸게 된다는 것을 의미한다.

우리나라에서 성공학 강의를 잘하기로 소문만 S씨는 강의로만 연봉 1억을 받고 있는 명강사다. 그러나 지금의 그가 있기까지 그에게는 남다른 어려움이 많았다. 잘나가는 직장에서 IMF 때 구조 조정의 희생량이 되어, 퇴직 후 퇴직금으로 피부미용실을 열게 되었다. 그러나 시대의 트렌드를 잘 못 읽는 바람에 그 업종은 과열 경쟁으로 하나 둘씩 사라졌고, 그 역시 얼마 가지 않아 엄청난 빚을 떠안게 되었다. 남들 같으면 절망감으로 아무 일도 할 수 없었겠지만 그는 달랐다. 다시 일어서야 한다는 생각에 자신이 가장 잘할 수 있는 일을 생각해 보았다. 그는 회사에서 판매부 과장과 대리점 지점장을 해본 경험으로 판촉물 외판원을 시작했다. 그는 먼저 자기가 거래했던 직장을 돌며 판촉물을 판매했다. 구매자 입장에서 판매자 입장이 되자 그는 자신만의 노하우를 발견할 수 있었다. 그는 자신이 터득한 노하우를 다른 사람에게 알리고 싶었고, 결국 직원들을 대상으로 강의할 기회를 얻게 되었다. 그는 최선을 다했다. 물론 반응은 좋았다. 그의 강의는 기업과 직원들에게 큰 도움이 되었고, 그는 점차 입에서 입으로 전해져 얼마 지나지 않아 강의 요청이 쇄도하는 강사로 자리잡게 되었다. 처음에는 판매 전략이나 마케팅 전략에 대해 강의를 했는데 시간이 지남에 따라 다른 상사들이 같은 주세로 강의 시장에 진입하자 그의 강의는 줄기 시작했다. 결국 그는 강사 시장에서 생존하기 위해서는 시대를 먼저 이끌고 가야 한다는 것을 깨달아 트렌드를 읽고 공부를 통한 시장 진입을 준비하기 시작했다. 그래서 지금의 마케팅, 경영, 변화와 혁신, 취업전략, 스피치, 리더십, 고객만족, 심성분석, 교수법, 프레젠테이션 등 멀티플레이어 명강사가 될 수 있었던 것이다.

S씨는 현재 5,000회 강의를 목표로 전국을 누비고 있으며, 그의 사무실은 판촉물 판매를 운영하고 있다. 그는 "많은 사람들을 만나고 사귀어야 하는 일의 특성상 판촉물 판매회사를 운영하는 것은 큰 도움이 된다. 실제로 강의를 다니면서 상당히 큰 거래가 성사되는 경우가 많았으며, 판촉물을 주문하는 회사에서 거꾸로 강의를 부탁하기도 한다."고 덧붙였다.

S씨의 경우 평생직장이라고 생각한 곳에서 해고를 당한 후 평생 직업인이 되어 자신의 가치를 만들었을 뿐만 아니

라 트렌드를 만들어 성공할 수 있었다.

앞으로는 직장을 구하기 어려울 뿐만 아니라 평생직장의 의미도 점차 사라져 갈 것이다. 어떠한 상황에서도 직업을 구할 수 있는 평생직업 능력이 필요한 시대가 오고 있는 것이다. 평생직업을 갖기 위해서는 태어나면서부터 죽을 때까지 철저한 경력 관리가 필요하다. 또한 세상을 정확히 읽고, 시대를 리드해 나가는 힘을 갖추어야 한다.

멀티플레이어는 직업이 분명하지 않다

요즘 TV를 보면 직업이 가수인지, 배우인지, MC인지, 개그맨인지 분간하기 어려울 정도로 장르를 넘나드는 연예인들을 볼 수 있다. 과거에는 가수면 가수, 배우면 배우, MC면 MC라는 직업을 정확히 찍어 낼 수 있었지만 요즘은 구분이 쉽지 않다. 그리고 앞으로 이러한 추세는 더욱 심해질 것이다. 예전보다 시청자들의 변화가 빨라졌기 때문이다.

예전에는 한 번 인기를 얻으면 영원한 우상으로 인식되었지만 요즘은 새로운 것에 쉽게 눈을 돌리는 시청자들의 성향으로 인해 오늘의 인기가 내일의 인기로 이어진다는 보장이 없다. 10대 스타였던 연기자들이 대형 배우가 되어 대중들을 흐뭇하게 했던 때도 있었지만 오늘날은 인기를 얻었던 수많은 연예인들이 내일이면 시청자들의 기억에서 **빠른** 속도로 사라지고 있다. 결국 한 가지만으로는 오랜 시간 인기를 유지하기 힘든 시대가 온 것이다.

실제로 아이돌 그룹의 해체 이후 다시 가수로 무대에 서는 이는 소수에 불과하다. 몇몇은 연기자가 되고, 또 몇몇은 브라운관을 들락거리다 이내 사라지고 만다. 시청자들의 새로움에 대한 욕구는 모든 연예인들에게 변화와 만능 엔터테인먼트 즉 멀티플레이어로서의 능력을 원하고 있다는 증거인 셈이다.

그러나 다행인 것은 연예인들이 시청자들의 요구만큼 다양한 재능을 가지고 있다는 사실이다. 물론 그렇다고 해서 모든 연예인들이 그런 것은 아니지만 어릴 때부터 연예인의 꿈을 가지고 노래면 노래, 연기면 연기, 개그면 개그 등 다양한 장르를 연습하고 준비했기 때문에 가수에서 연기자로의 변신이 전혀 어색하지 않은 경우가 많다. 따라서 다양한 재능 즉 멀티플레이어로서의 재능을 가지고 있는 연예인들은 시대의 변화에 따라 카멜레온처럼 능수능란하게 변화할 수 있는 것이다. 어제의 가수가 오늘은 배우가 되고, 내일은 개그맨이 되어도 대중은 그 변화를 받아들이고 있다.

이러한 변화는 다른 분야에서도 쉽게 찾을 수 있다. 고승덕 변호사의 경우도 변호사인지, 증권 전문가인지 분간하기 어려운 멀티플레이어이며, 도울 김용옥 선생님 역시 한학자인지, 교수인지, 기자인지, 한의사인지 분간하기 어려운 멀티플레이어이다.

멀티플레이어로서 살아가는 것이 불가능하다고 생각하는 사람이라면 한 가지에 최선을 다해야 한다. 단순한 전문가가 아닌 그 분야의 프로가 되어야 한다. 단순한 전문가를 표방한다면 그가 이룬 성공의 생명은 짧을 수 있다. 자신의 분야에서 최고의 프로페셔널이 되어도 급변하는 시대는 영원한 프로페셔널을 허락하지 않을 것이다. 그렇다면 영원한 성공을 얻기 위해 어떻게 해야 하는가? 부단히 변신하는 멀티플레이어의 삶이 그 가능성을 열어 줄 것이다.

젊은 세대의 키워드 멀티플레이어형 인간

최근 학생들 사이에서 자주 쓰이는 표현 중 하나가 '다방면에 소질 있음' 이라는 것이다. 예전에는 공부를 잘하는 학생은 공부만 잘했지 운동, 게임, 노는 것, 외모를 가꾸는 것에는 별다른 관심이 없었다. 그러다 보니 외골수처럼 한 가지만 잘하는 경우가 많았다. 오히려 운동, 게임, 노는 것, 외모 가꾸는 것은 공부를 못하는 학생들의 전유물로 생각했던 때가 있다.

그러나 시대가 바뀌어 요즘의 젊은 세대들은 공부를 잘하는 학생이 운동, 게임, 놀기, 외모도 잘 가꾸어야 친구들의 관심과 인기를 얻을 수 있다. 옛 어른들이 말씀하시던 '한 우물형 인간'에서 벗어나 '멀티플레이어형 인간'이 젊은 세내들의 인기를 얻고 있는 것이나.

이처럼 젊은 세대들 사이에서 멀티플레이어형 인간이 인기를 얻는 이유는 젊은 사람들이 기성세대에 비해 변화와 속도에 빠르게 적응해 변화하는 것을 두려워하지 않기 때문이다. 기성세대의 특징 중 하나가 변화에 대응하는 속도가 느리고 새로운 변화에 대해 부정적으로 반응한다는 것이다. 그러나 멀티플레이어형 인간을 추구하는 젊은 세대는 기성세대에 비해 변화를 추구하고 끊임없이 발전하는 사회의 속도에 발맞추어 나가려고 노력한다.

세월의 흐름만큼 빠르게 변화하는 젊은 세대를 지칭하는 단어만 보더라도 젊은이들이 멀티플레이어형 인간을 지향한다는 것을 알 수 있다. 지난 90년대 초 기존의 질서를 거부하는 상징으로 등장했던 'X세대'는 미국의 작가 더글러스 쿠플랜드(Douglas Coupland)의 장편소설에 등장했다. X세대의 개념은 반항적이고, 제멋대로이고, 주위의 눈치를 보지 않는 개성파들이고, 튀는 세대라는 뜻으로 널리 알려져 있다.

그 다음으로는 인터넷 세대를 일컫는 'N세대'가 등장했다. N세대란 '네트 제너레이션(Net Generation)'을 뜻하는 말로 미국의 사회학자 돈 탭스콧이 《N세대의 무서운 아이들》이란 책에서 처음 사용하였다. 이들은 77년 이후 태어난 세대를 가리키며 인지능력이 생기면서부터 컴퓨터와 친숙해진 젊은 층을 가리킨다. 이전의 세대가 TV를 통해 일방적인 지식이나 정보를 전달받는 세대였다면, N세대는 쌍방향 통신으로 논쟁을 벌이는 등 적극적으로 자기 의견을 말하는 능동적인 특징을 지녔다고 말할 수 있다.

'Y세대'는 2차 대전 후 베이비 붐 세대가 낳은 2세들을 일컫는 말로 'No'라고 말하는 X세대 대신 전 세계적으로 등장한 신세대이다. 'Yes'라는 말을 즐겨 쓰기 때문에 Y세대라고도 한다. Y세대는 명령과 통제라는 전통적인 방식의 관리에 잘 적응하지 못한다. 도전을 두려워하지 않아 개인 사업으로 독립하려는 경향이 강하다.

이어 'P세대'라는 신조어가 등장해 눈길을 끌고 있다. P세대는 참여(Participation), 열정(Passion), 사회 패러다임의 변화 주도(Paradigm-shifter)에 적극적인 세대로, 지난해 월드컵과 광화문 촛불 시위, 대통령 선거 과정에 앞장섰던 우리 사회의 젊은 층을 지칭한다. 그러나 P세대는 집단보다는 개인의 이익을 중시하고 미래보다는 현재의 행복을 중시해 문제의 원인을 남에게서 찾는 등 일부 부정적인 모습을 보이기도 한다. P세대는 과거 386세대의 사회의식, X

세대의 소비문화, N세대의 생활 방식 등이 모두 융합된 특성을 지니고 있다. 즉 P세대는 다양한 인간의 결합인 멀티플레이어형 인간을 지향하고 있는 것이다.

투잡스족이 뜨고 있다

요즘 노후대책과 불안한 경제 상황 타개책의 일환으로 두 가지 이상의 직업을 겸하는 투잡스족이 뜨고 있다. 바쁜 직장생활 중에도 자신의 또 다른 꿈을 위해, 자신의 재능을 키우기 위해, 혹은 자신의 미래를 위해 퇴근 후 두 번째, 세 번째 일을 시작하는 투잡스족이 늘고 있다는 것이다.

불황으로 실업에 대한 불안이 커지고, 주5일 근무제의 확대로 여가 시간이 많아지면서 두 개 이상의 본업을 가진 투잡(Two Jobs)에 대한 관심이 점점 더 커지고 있다. 투잡스족은 한 가지 일에만 매달리는 것이 아니라 자신의 취미를 살릴 수 있는 또 다른 직업을 가져 부수입을 얻는 동시에 자기계발을 이루고자하는 것이 목표라 할 수 있다. 그래서 여건만 허락된다면 두 개 이상의 직업을 가지고 싶다는 직장인이 대부분이다.

국내 최대의 취업사이트 잡코리아(jobkorea.co.kr)가 직장인 4,035명을 대상으로 조사한 결과에 따르면 본업 외에 부업을 갖고 있는 직장인이 전체 응답자의 10.5%에 이른다. 부업을 통해 얻는 월 평균 수입으로는 50~99만 원(31.2%), 100~199만 원(26.2%) 등이며, 한 달에 500만 원 이상의 수입을 올리는 경우가 6.4%에 달했다. 그러나 이러한 금전적인 보상보다 부업을 통해 '진정으로 나 자신을 즐길 수 있는가'의 여부가 이들이 밤낮을 가리지 않고 고생을 감수하는 이유이기 때문에 오늘도 그들의 행복한 두 줄 타기는 계속되고 있다.

하루 24시간은 누구에게나 공평하게 주어진 시간으로 이를 쪼개고 쪼개어 배 이상의 수고로 배 이상의 성취감을 맛보는 일은 결코 아무나 할 수 있는 일이 아니다. 그래서 현재 경쟁력을 갖추어 두 직업을 갖고 활동하는 투잡스족들은 샐러리맨들의 희망이 되고 있다.

투잡스족이 가장 많은 분야는 바로 인터넷 쇼핑몰이다. 별도의 점포가 필요 없고, 온라인상에서 관리가 가능해 본래의 직업에 큰 영향을 주지 않기 때문이다.

내가 아는 여성 H씨는 인터넷 쇼핑몰로 자신의 운명을 바꾸었다. 그녀는 맹렬 여성으로 20대 후반의 나이에도 불구하고 정확하게 사회의 트렌드를 읽어, 투잡, 쓰리잡을 실현해 나가고 있기 때문이다.

H씨는 낮에는 방송출연 및 리포터로 활동하고 있는데 남들이 보면 나름대로 바쁘다고 할 수 있는 상황에도 불구 H씨는 시간이 남는다고 말한다. 그래서 그녀는 인터넷을 틈틈이 익혀 평소에 자신이 관심을 가지고 있던 액세서리와 연결해 무엇을 하면 좋을까 고민하다가 많은 시간을 투자하지 않고도 돈을 벌 수 있는 인터넷 쇼핑몰을 운영하기로 결정한 것이다. 본인이 가장 잘 알고, 쉽게 할 수 있는 일이 액세서리와 관련된 일이었기 때문이었다. 그녀는 남대문에서 좋은 물건을 사다가 자신의 인터넷 쇼핑몰에서 판매를 시작했다. 그리고 자신의 사이트를 알리기 위해 책을 썼다. 책의 내용은 '어떻게 하면 인터넷으로 돈을 벌 수 있는가' 라는 주제로 투잡을 꿈꾸는 젊은이들에게 많이 팔려 나갔고, 그녀의 쇼핑몰이 그 분야의 시초인 것처럼 보이게 하는 역할을 했다. 그녀는 현재 한 달에 상당한 순이익을 올리고 있다. 매출이 증가하면서 부터는 직원을 고용해 사이트를 운영하고 있다.

그녀는 인터넷 쇼핑몰뿐만 아니라 책으로도 유명해져 대학의 평생교육원에서 창업전략 강의나 인터넷 쇼핑몰을 직접 구축하는 방법에 대한 강의도 맡고 있는데 전국에서 강의가 쇄도하고 있다. 강의를 하러 가는 차안에서 새우잠을 자면서도 그녀는 피곤한 줄을 모른다. 낮에는 방송 일을 하고, 한쪽으로는 인터넷 쇼핑몰을 운영하고, 틈나는 대로 전국을 다니며 강의를 하는 H씨는 투잡을 넘어 쓰리잡을 하고 있는 성공한 여성인 셈이다. 투잡스족을 꿈꾸는 사람들에게 H씨는 부러움을 사기에 충분한 자격이 있다고 생각한다. 그녀는 "내가 원래 하고 싶어 하던 본업에도 충실할 수 있고, 인터넷 쇼핑몰을 통해 나름대로 수입도 올리고 있어 매일 매일이 행복하다."고 말한다.

날로 생존 경쟁이 치열해지는 가운데 투잡스족에 대한 관심은 갈수록 높아질 것으로 보인다. 인터넷 다음 카페 '미래를 준비하는 사람들'은 3만 7천여 명의 회원이 가입해 성공적인 투잡스를 위한 정보를 공유하고 있으며, 매주 토요일 세미나를 열고 있다. 그러나 투잡스로 활동하고 있는 H씨 같은 사람들은 "투잡스는 단순 부업을 가진다는 생각보다는 체계적인 준비 작업을 통해 두 가지 모두에서 전문가가 되어야 성공할 수 있다."고 조언한다.

살아남기 위해 샐러던트(Saladent)가 된다

샐러던트(Saladent)는 '공부하는 직장인'을 의미하는 신조어(新造語)로 봉급생활자를 뜻하는 영어의 샐러리맨

(Salaryman)과 학생을 뜻하는 스튜던트(Student)가 합쳐져 만들어진 단어이다. 직장에 몸담고 있으면서 새로운 분야를 공부하거나 현재 자신이 종사하고 있는 분야에 대한 전문성을 더욱 높이기 위해 지속적으로 공부하는 사람들을 가리킨다.

오늘날은 입사하면 평생 다녀야 한다는 평생직장의 개념이 급속히 사라지고 있다. 취업문은 자꾸 줄어들고 있으며, 신입사원보다는 경력사원을 우대하는 풍조도 샐러던트의 출현을 요구하고 있다. 더욱이 인간 수명의 연장으로 인한 고령화 사회로의 급속한 진입은 평생직장의 개념보다 평생직업의 시대로의 돌입을 예고한다 해도 과언이 아니다.

평생직업의 시대에 사는 현대인들은 한 직장에 취직함과 동시에 새로운 직업을 갖기 위해 공부를 시작해야 한다. 실제로 직장인들을 대상으로 실시한 최근의 한 설문조사에 의하면 첫 직장에서 근무하기를 원하는 기간이 2년 3개월로 조사된 바 있다. 또한 잡코리아가 최근 직장인 763명을 대상으로 실시한 설문조사에 따르면 응답자의 35.8%가 현재 각종 자격증이나 공무원 시험에 매달리고 있었다. 끊임없이 공부해야 살아남는 현대 직장인의 현실을 그대로 드러낸 것이라 할 수 있다. 용어의 개념은 공식적인 학교를 졸업하고, 회사에 들어와서도 지속적인 자기계발이라는 점에서 기존의 평생교육과 비슷하다고 할 수 있다.

그러나 평생교육이 자기의 삶을 윤택하게 하는 자기주도적인 학습의 성격이 짙은 데 반해 샐러던트는 직장인들의 고용불안에 따른 생존전략 차원의 자기계발의 성격이 짙다는 차이가 있다. 샐러던트로서 직장인의 자기계발이라는 긍정적인 의미의 이면에는 이른바 '평생직장'의 개념이 사라진 한국 사회의 새로운 풍속도가 반영되어 어쩔 수 없이 살아남기 위해 선택할 수밖에 없는 사회풍속이 된 것이다.

1997년 외환위기를 겪으면서 한국의 직장인들 사이에서는 고용불안이 더욱 심화되고 있다. 외환위기 때만 해도 오륙도(56세까지 직장생활을 하면 도둑), 사오정(45세 정년)이라는 말에 사회적인 충격이 컸지만, 요즘은 그 나이가 더욱 하향화되어 30대에 명예퇴직을 강요당하는 것을 풍자한 38선이란 말이 유행할 정도로 평생직장의 개념이 급속히 사라지면서 감원과 직업으로 인한 불안으로 스트레스에 시달리는 샐러리맨이 늘고 있다.

샐러던트로 직장에서 살아남기 위해서는 기존의 업무에 대한 전문성 확보는 물론 어학이나 자격증 취득, 다른 분야에서의 전문지식이 필요하다. 따라서 생존전략으로서 우리는 샐러던트 즉 멀티플레이어가 되어야 하는 시점에 놓여 있는 것이다. 이러한 전망은 일시적인 현상이 아니라 앞으로 더욱 치열해져 결국 평생직장보다는 평생직업을 찾기 위해서 평생을 공부해야 하는 사회가 도래할 것을 암시한다.

아침형 인간 & 저녁형 인간

몇 년 전 《아침형 인간》이라는 책이 베스트셀러가 되면서 아침형 인간이라는 단어가 장안에 화제로 떠올랐다. 아침형 인간은 원래 사이쇼 히로시의 《인생을 두 배로 사는 아침형 인간》에서 나온 말이다. 아침형 인간은 오후에 활동하는 사람들보다 아침 일찍 일어나 활동하는 사람이 사회생활에서 더 전진적이고 성공적인 삶을 살아갈 확률이 높다는 뜻으로 사용되고 있는 신조어이다.

사이쇼 히로시는 그의 책에서 성공은 아침에 좌우되며, 남보다 일찍 일어나 먼저 하루를 시작하는 사람들이 성공한다는 사실은 거의 대부분의 사람들이 경험으로 체득해 동의하는 지극히 단순한 진리라고 보았다. 그리고 기업의 고위 간부의 대부분이 아침형 인간이며, 강하게 장수하는 사람일수록 기상 시간이 빠르고 규칙적이라고 말하고 있다. 이러한 신드롬으로 인해 아침형 인간과 관련된 책들이 쏟아졌는가 하면 아침형 인간을 목표로 하는 사람들이 만든 인터넷 카페가 대거 등장하기도 했다.

그러나 사실 아침형 인간은 유전적으로 결정되는 면이 강하기 때문에 무조건 아침형 인간을 고집할 필요가 없다는 것이 최근 연구결과로 드러났다. 아침형 인간이 되려고 아침 일찍 일어났다가 저녁이면 피곤해서 아무 일도 못하고 잠만 잤다는 사람이 나타나기 시작하면서 '저녁형 인간' 이라는 말이 대안으로 떠오르고 있다.

저녁형 인간은 아침형 인간의 반대말로 영어로는 Night Person 정도로 표현할 수 있다. 새벽 5시부터 활동하는 아침형 인간과는 달리 저녁 5시부터 본격적인 하루를 시작하는 인간의 유형이다. 부엉이족, 올빼미족이라고 표현하기도 한다.

저녁형 인간의 주장은 이러하다. 산업의 발전이 사람들에게 저녁 시간을 활용할 수 있게 해 주었고, 그에 맞춰 저녁에 활동하는 사람이 서서히 늘어나고 있다. '아침형 인간' 이라는 획일화된 강요는 과거 태양의 빛과 온도에 절대적으로 의존하던 시대의 것이며, 시공간이 자유로운 '디지털 시대'에 역행하는 것이라고 말한다. 더불어 창조력과 상상력이 가치를 낳는 디지털시대에는 밤이 더욱 중요하다고 강조한다.

결국 아침형 인간이나 저녁형 인간이 주장하는 관점은 차이가 있지만 어찌됐든 좀 더 효율적이고 능률적인 시간 관리를 위해 새벽이 좋은가, 밤이 좋은가의 문제일 뿐이다.

이러한 논쟁의 기저에는 정보화 시대에 빠르게 변화하는 사회에 적응하려면 이전보다 더 많은 것을 습득해야 한다는 생각이 깔려있다. 많은 정보를 분류하고 선별해 자신에게 맞는 것을 찾아 습득하고 다양한 문화생활을 즐기는 등 시대 변화에 따라 사람들의 할 일이 늘어나고 있다. 이것은 바로 멀티플레이어가 되기 위해 새벽이 좋은가 아니면 밤이 좋은가의 관점을 따지는 것이라 할 수 있다.

멀티플레이어의 20대 80의 법칙

"입력된 20%가 출력된 결과의 80%를 만든다."는 법칙이 있다. 이 법칙은 이탈리아의 경제학자 팔레트가 제창한 것으로 업무 전체의 흐름을 주도하는 것은 상위 20%에 집중되어 있기 때문에, 그 20%만 해결해도 전체 업무의 80%가 해결된다는 뜻이다.

이 법칙은 멀티플레이어에게도 적용된다. 자신의 경력관리를 위해 무작정 자기계발에 도전하는 것보다 자신이 세워 놓은 멀티플레이어가 되기 위한 지식과 기능을 파괴력이 높은 것부터 우선순위를 정해 상위의 것들을 먼저 달성하다보면 하위의 것들이 자동적으로 해결되는 경우가 많기 때문이다.

나의 경우 10가지 종류의 컴퓨터 자격증을 취득하려는 목표에 도전했던 경험이 있다. 그러나 당시 IT관련 자격증이 서서히 제도화되어 시행되고 있었던 때라 우선순의는 오로

지 시행되는 첫 번째 시험에 응시하는 것이 최선의 방법이었다. 그래서 시험의 운선순위 보다는 가장 먼저 시작한 정보처리를 공부해 정보처리를 취득하고, 비슷한 것을 찾다가 정보기기운용기능사를 취득하고, 인터넷의 발전과 함께 컴퓨터 그래픽이 유망할 것 같아 컴퓨터 그래픽 기능사 자격증을 따는 순서가 되었다. 인터넷의 발전으로 생겨난 정보검색사를 공부해 정보검색사 자격증을 취득하고 나니 컴퓨터 관련 자격증을 모두 취득해야 된다는 욕심이 생겨 워드프로세서 자격증, 컴퓨터 활용, 전자계산기 자격증도 취득하게 되었던 것이다. 물론 다른 자격증 공부를 하며 컴퓨터 관련 정보를 습득해 공통적으로 시험을 보는 과목에 대해 도움을 받기는 했지만 사실 시간적으로 낭비가 컸다. 1년이면 충분했을 시간을 전략의 실패로 2~3년이라는 세월을 투자했던 것이다. 처음부터 자격증의 난이도와 힘을 고려해 우선순위에 따라 정보처리, 컴퓨터 그래픽, 정보 검색사를 공부했더라면 정보기기, 워드, 컴퓨터 활용능력 시험은 특별히 공부하지 않아도 취득할 수 있는 자격증이었던 것이다.

그래서 요리관련 자격증을 취득할 때는 20대 80의 법칙을 적용해 가장 시험과목이 많고 까다로운 자격증부터 취득하겠다는 목표로 도전에 임했다. 시험과목이 많은 한식조리기능사 자격을 1순위로 정해 한식조리기능사 자격증을 먼저 취득했다. 다음으로 조리방법이 까다롭고 생소한 양식조리 기능사 자격을 취득하기 위해 학원을 다니며 자격증을 취득했고, 이후 중식조리기능사와 일식조리기능사는 학원을 다니지 않고도 독학으로 자격증을 취득할 수 있었다. 결국 20 대 80의 법칙으로 근 1년 안에 한식, 양식은 학원을 다니며, 중식, 일식 자격증은 독학으로 자격증을 취득할 수 있었다.

멀티플레이어에도 블루오션 전략이 있다

올해 서점가를 강타한 《블루오션 전략(Blue Ocean Strategy)》이란 책이 있었다. 이 책은 경제·경영 서적임에도 불구하고 수많은 사람들에게 읽히고 있다. '블루오션전략'은 INSEAD 경영대학원(MBA)의 김위찬 교수와 르네 마조안 교수가 주창한 것으로, 2005년 4월 한국에 저서가 발간된 이후 급속한 파급력으로 한국의 경제계는 물론이고 정부와 정치권의 관심까지 받고 있다.

블루오션이란, 지금까지 존재하지 않았던 산업, 미개척시장과 같은 경쟁사와의 생존경쟁이 없는 새로운 시장을 말한다. 반대로 레드오션은 현존하는 산업, 기존에 알려진 시장과 같은 경쟁사와의 생존경쟁이 치열한 시장을 말한다. 결국 성장의 한계에 봉착한 시장을 버리고, 경쟁자가 존재하지 않는 새로운 시장인 블루오션의 발굴을 통해 지속적인 성장을 이루자는 것이 주 요지이다.

멀티플레이어들에게도 레드오션과 블루오션은 있다. 멀티플레이어들에게 레드오션은 자신의 목표는 달성할 수 있지만 치열한 생존 경쟁시대에 자신의 가치를 희소성 있게 만드는 데는 한계가 있다. 또 이미 블루오션 전략으로 성공한 멀티플레이어들의 삶을 따라하다 보면 근접하게 성공할 수는 있지만, 아무리 노력해도 정상을 차지하기 어려울 뿐만 아니라 다시 블루오션 시장에 뛰어드는 것과 다를 바 없다.

멀티플레이어는 단어의 의미처럼 남들과 다른 능력이 있는 사람으로 원초적으로 블루오션 시장에 부합하는 용어라 할 수 있다. 따라서 멀티플레이어가 되기를 원하는 사람들은 남들이 하지 못하거나 아직 하지 않았던 분야의 멀티플레이어가 되어야만 희소성의 가치를 높이면서 치열한 경쟁 없이 자신이 원하는 고지를 점령할 수 있다.

멀티플레이어를 위한 블루오션 전략을 찾거나 만드는 것은 그리 어렵지 않다. 그러나 블루오션 전략을 찾거나 만든다고 해도 쉽게 목표를 달성하기란 쉽지 않다. 멀티플레이어의의 장점은 다양한 지식이나 경험을 가지고 있다는 다양성에 있다. 다양한 지식이나 경험을 바탕으로 이루고자 하

는 목표에 대한 트렌드를 추출하는 안목이 있으며, 그것을
바탕으로 블루오션 전략을 발견하거나 만들 수 있다.

　나 역시 43개의 자격증으로 40여 권의 책을 집필하고, 40
여 개국을 여행하면서 얻은 지식으로 어느 부분에서는 남들
보다 정확한 트렌드를 분석하는 데 상당한 안목을 갖게 되
었다. 내가 분석한 트렌드는 앞으로 주5일 근무제와 함께
노령사회로의 급속한 진입이 결국 학습사회를 만들 것이라
는 데 있다. 그리고 이를 바탕으로 내가 세운 목표는 '평생
교육 전도사' 라는 시장의 형성이었다. 평생교육 전도사란
전국을 다니며 변화하는 시대의 국민들에게 삶의 질 향상을
위해 평생 공부의 필요성을 전파하는 것이었다. 그래서 나
는 내가 가진 다양한 경험과 지식을 융합해 강의 능력과 접
목해 나만의 블루오션 전략을 만들었다. 이제 평생교육을
사랑하는 사람들 사이에서 나는 이름보다 '평생교육 전도
사' 라는 별칭으로 더 잘 알려져 있다.
　이제는 평생교육이라는 단어가 더 이상 생소하지 않을 만
큼 알려져 있다. 지역에 따라서는 평생교육 기관들 간의 경
쟁이 치열하다. 결국 나도 새로운 블루오션 전략을 기획해
야 했다. 그래서 '평생교육 전도사' 가 아니라 '평생교육 실
천가' 로서 활동하려고 한다. 평생교육 기관과 평생교육을
실천하려는 조직 간의 경쟁 심화는 결국 경쟁력과 효율성을

높이기 위해 전문가의 조언과 컨설팅을 필요로 할 것이라는 예측이 가능하기 때문이다.

결국 멀티플레이어를 위한 블루오션 전략은 다양한 지식과 경험을 바탕으로 트렌드를 분석해 그에 따라 목표를 수립하고, 내가 가지고 있는 장점과 단점을 종합적으로 분석해 융합하거나 다른 분야의 것을 추가하는 과정에서 만들어질 수 있었다.

전직을 결심하는 멀티플레이어가 되라

멀티플레이어가 돼야 하는 이유는 두 가지가 있다. 하나는 지금 직장에서 능력을 인정받아 오랫동안 직장을 다닐 수 있다는 것, 새로운 직장이나 일을 구하기 위한 것이 그것이다. 전자의 경우 단순히 살아남기 위해 멀티플레이어가 되려는 사람들은 위기의식이 없기 때문에 수동적이 되기 쉽다. 그러나 과연 수동적으로 자기를 개발하는 일이 자신의 성장과 발전을 가져올 수 있을까? 지금은 필사적인 생각과 능동적인 자기계발로도 일자리를 구하기가 힘든 세상이다. 천재는 노력하는 사람을 당할 수 없다고 한다. 이러한 상황에서 소극적으로 자기계발을 해 온 사람이 필사적인 생각과 능동적으로 자기계발에 힘써 온 사람을 이길 수 있겠는가?

개인의 정년이 단축되는 시점에서 성장을 위한 전직은 더 이상 회사에 대한 배신이 아니라 경력을 관리하는 하나의 방법이자 기회이나. 이것을 위해서는 현재의 직장이 안정적이라 해도 만족하지 않고 퇴사 후의 미래를 생각해 전략적인 경력 관리에 힘써야 한다. 이제 회사에서의 퇴출을 두려워하는 것은 어리석은 짓이다. 회사에 들어가는 그 순간 우리는 이미 퇴사를 결정 받는 것과 다를 바 없다. 다만 시간의 길이에 차이가 있을 뿐이다. 진정한 멀티플레이어는 현재의 직장에 최선을 다하지만 만족하지 않으며, 더 나은 자신을 위해 주도면밀하게 경력 개발에 힘쓰는 사람을 말한다.

현재 직장인들은 지속적이고도 주도면밀한 경력 개발 없이는 평생 고용을 기대할 수는 없는 상황에 처해 있다. 개인은 스스로 최상의 능력과 경력을 쌓아야 하고, 기업은 그 중에서 자기 조직에 가장 적합한 사람만을 골라 계속 고용상태에 이르게 될 것이다. 따라서 언제 올지 모르는 퇴직을 위해 미리 준비하면 할수록 퇴사 후의 삶은 자신감으로 넘치게 된다. 그러나 아무런 준비도 하지 않은 상태에서의 퇴사는 충격으로 인해 새로운 시장 진입을 준비를 할 수 있는 여력이나 여유를 주지 못하는 것이다.

실제로 직장을 다니고 있을 때 자기계발을 위해 어학학원을 다니거나 자격증을 취득할 수는 있지만 직장을 다니지 않은 상태에서는 더 많은 시간의 여유가 있음에도 불구하고 자기계발을 위한 집중이 어렵다. 자신감도 떨어져 자기계발에 대해 불신하게 되고 급기야는 포기하기에 이른다. 시간을 두고 기다려야 하는 자기계발보다 당장 눈앞의 경제적인 문제를 해결해야 하기 때문에 먼 미래를 내다볼 수 없기 때문이다.

이제 우리는 눈을 크게 뜨고 우리에게 다가올 미래사회를 읽어야 한다. 이제 평생직장의 시대는 끝나고 평생직업의 시대가 오고 있다. 전직하겠다는 각오로 주도면밀하게 경력개발에 힘쓰지 않으면 퇴직의 후유증을 심하게 앓게 될 것이다.

당신은 어떤 길을 선택하겠는가? 자신감이 남아 있는 지금 자기계발을 시작할 것인가? 아니면 자신감을 상실하고 당장 먹고 살 길이 막막한 때가 왔을 때 자기계발을 시작할 것인가?

미래를 읽으면  멀티플레이어가 보인다

실패를 여러 번 경험한 사람은 세상을 살아가는 일이 두려워진다. 어떤 일을 해도 실패의 경험 때문에 무언가를 결정해야 하는 상황이 오면 먼저 두려움이 엄습한다. 그리고 이 두려움은 점차 자신을 무력하게 만드는 우울증을 부른다.

우리는 때로 중요한 결정을 앞두고 밤잠을 설치는 경우가 있다. 잘 풀리지 않는 일에 대한 걱정때문에 마음이 늘 불안하기 때문이다. 자신감이 없는 사람은 항상 최악의 경우를 떠올리게 된다. 마음을 가다듬고 다시 잠을 청해도 정신은 더욱 말짱해진다. 이렇게 무언가 두렵고 부정적인 생각에 한번 빠지게 되면 여간해서는 헤어나오기 어렵다. 자신과 자신을 둘러싼 환경의 부정적인 측면에만 몰두하게 되는 이런 종류의 우울증세는 누구나 안고 살아간다.

재미있는 심리학 연구 결과가 있다. 사람들이 걱정하는

일의 40%는 결코 일어나지 않을 미래에 관한 것이라는 사실이다. 즉 대부분의 사람들이 고민하는 것은 혹 하늘이 무너지지 않을까 걱정하는 기우에 불과하다는 것이다. 또 걱정의 30%는 이미 일어난 일에 관한 것이고, 22%는 아주 사소한 일에 관한 걱정이라고 한다. 나머지 8%의 걱정거리도 그 4%는 우리가 전혀 변화시킬 수 없는 어쩔 수 없는 일에 관한 것이었다. 결국 우리가 하는 걱정거리 중 오직 4%만이 걱정할 가치가 있는 것으로 나머지는 쓸데없는 걱정에 해당하는 셈이다. 그리고 많은 사람들이 이렇게 쓸데없는 걱정으로 미래를 두려워하는 것이다.

두려운 생각이 들 때 취할 수 있는 가장 효과적인 방법은 학습이다. 독서와 같은 가벼운 지식으로의 여행은 두려운 기분을 전환시켜 준다. 더욱이 멀티플레이어들은 자신의 다양한 지식으로 쉽게 걱정을 해결할 수 있으며 자신감 때문에 고민할 여력이 없기 때문에 좀처럼 우울증에 걸리는 법이 없다.

우울증은 마음 상태가 약할 때 찾아 오는 것으로 우울하고 슬플 때 드는 생각을 믿어서는 안 된다. 우울하고 불안한 감정은 세상을 보는 시각을 왜곡되게 만들기 때문이다. 더욱이 요즘처럼 우울하고 걱정스러운 소식들이 뉴스의 대부분을 차지하는 현실에서 제대로 된 판단을 하기란 쉬운 일이 아니다. 이럴 때 멀티미디어가 되기 위한 학습은 세상을

보는 정확한 시각을 제공한다. 그리고 우리가 두려워하는 일들이 사실은 별일이 아니라는 지혜를 주며 이로써 정신은 더욱 건강해진다.

디지털 컨버전스가 멀티플레이어를 원한다

디지털 컨버전스란 디지털 기술이 발전함에 따라 생겨난 신조어로 유선과 무선, 방송과 통신, 통신과 컴퓨터 등 기존의 기술·산업·서비스·네트워크의 구분이 모호해지면서 새로운 형태의 융합 상품과 서비스들이 등장하는 현상을 포괄적으로 지칭하는 말이다.

이 단어는 멀티미디어의 개념을 최초로 제시하고 명명한 미국의 미디어 학자이자 '정보 통신계의 선지자'라 불리는 니콜러스 네그로폰테가 "디지털 기술과 컴퓨터 산업의 발달을 위해 커뮤니케이션 산업이 일정 수준까지 함께 접근해야 한다."는 주장과 함께 1970년대 후반부터 주목받기 시작했다.

디지털 컨버전스 현상은 처음에는 정보기술(IT) 분야에서 출발했지만, 이제는 경제 사회의 모든 분야에 걸쳐 일어나고 있다. 정보기술 분야에서의 디지털 컨버전스 현상은 유선과 무선의 통합, 통신과 방송의 융합, 온라인과 오프라인의 결합 등 3가지로 압축된다. 디지털 컨버전스 현상은 사회 각 분야에 커다란 영향을 주었고, 변화를 요구하고 있다. 이러한 변화는 사회의 각 분야에서 한 가지 부분의 전문가보다는 다양한 분야에 대한 지식을 바탕으로 다양한 지식을 활용하거나 통합할 수 있는 멀티플레이어형 인재를 필요로 하고 있다.

유·무선 통합의 대표적인 예로 휴대폰을 들 수 있는데 휴대폰은 이동전화의 기능은 물론, MP3, 디지털 카메라 등의 디지털 컨버전스를 추가하게 되었고, 사회의 요구에 따라 게임, 인터넷, 방송 시청, 금융 업무, 전자사전, 업무 수첩 등의 기능을 추가하고 있으며, 앞으로도 끊임없이 진화해 나갈 것이다. 유선과 무선의 결합은 무선 인터넷의 실용화와 함께 언제 어디서나 통신을 즐길 수 있게 되었고, 통신·방송의 융합으로 DMB 방송을 수신할 수 있는 단계로까지 발전하게 되었다. 이처럼 우리는 디지털 컨버전스가 가져온 변화로 인해 마치 디지털 혁명의 혼란기에서 하루가 다르게 새로운 디지털 컨버전스 제품들이 쏟아지는 세상을 살고 있는 것이다.

디지털 기술 혁명은 이제 많은 분야의 경계를 무너뜨리고 있다. 처음에는 정보기술(IT) 분야에서 출발했지만 이제 경제·사회·문화·예술·산업 등 모든 분야에 커다란 파장을 일으키고 있다. 유선과 무선, 방송과 통신, 통신과 컴퓨터 간의 구분이 사라지고, 정보기기 분야에서도 디지털 컨버전스의 흐름 속에서 많은 기기들이 통합되어 네트워크화되고 있다. 그리고 이러한 현상은 경제 · 사회 · 문화 · 예술 · 산업 등 사회의 전 분야에 영향을 미쳐 지금까지는 정보기술 분야에 금융, 여가, 취미, 게임, 인터넷 등 다양한 컨텐츠가 결합되어 있지만 앞으로 어떠한 컨텐츠가 합쳐져 새로운 상품이 시장을 지배할지 예측하기란 쉽지 않다.

디지털 컨버전스에 의한 새로운 기술과 신제품의 출현은 사람들의 생활과 사회구조, 기업이 필요로 하는 인재상을 바꾸고 있다. 디지털 컨버전스가 몰고 온 디지털 기술 혁명은 단순함에서 복잡함, 하나의 기능에서 다기능으로 사회구조를 변화시키고 있다. 이러한 디지털 기술 혁명이 가져 온 혼란과 변혁의 시대를 리드할 수 있는 인재는 결국 디지털 컨버전스를 능수능란하게 통제하고 예견할 수 있는 멀티플레이어형 인재인 것이다.

신인류 디지털 네이티브가 미래를 바꾼다

"요즘 젊은 애들을 도대체 이해할 수가 없어."라는 기성세대의 지적은 시대와 장소를 막론하고 항상 존재해 왔다. 그러나 지금처럼 디지털 혁명이라고 일컬어지는 급격한 생활 환경의 변화는 신세대와 기성세대 사이의 간격을 더욱 멀어지게 만들고 있다.

지금의 신세대는 언제 어디에서든 전자기기로 무장하고 그 속에 묻혀 살고 있는 듯한 느낌을 준다. 귀에는 MP3플레이어 이어폰을 꽂고, 눈으로 PC나 TV를 보며 손으로는 핸드폰의 문자 메시지로 친구와 대화를 나눈다. 컴퓨터 앞에 앉아 미니 홈피와 블로그 관리에 시간을 보낸다. 이들은 월드컵 거리 응원과 촛불 시위에도 적극적으로 참여하는 멀티플레이어다.

이러한 신세대를 지켜보는 기성세대는 "어떻게 저러고 살 수 있을까?"라는 걱정과 함께 심지어는 신세대가 자신의 세대와 전혀 다른 존재가 아닐까 하는 생각마저 들 때가 있다. 그러나 중요한 문제는 이러한 신세대들이 앞으로 우리의 미래를 책임질 젊은이라는 사실이다.

이처럼 기성세대와 전혀 다른 방식으로 생각하고 행동하는 신인류를 함축적으로 이른바 '디지털 네이티브(Digital Native)' 즉 '디지털 원어민'이라 부른다. 디지털 네이티브는 디지털 언어와 장비를 자신이 태어나고 자란 곳의 말처럼 쉽게 다룬다는 뜻에서 만들어진 신조어이다. 이 세대에게는 인스턴트 메신저 세대, 디지털 키드, 키보드 세대, 밀레니얼(Millennial) 등 다양한 별명이 붙는다. 그러나 이들이 디지털 언어와 장비를 마치 특정 언어의 원어민처럼 자연스럽게 사용한다는 뜻의 디지털 원어민이라는 표현이 가장 적합할 것이다.

반면 30대 이상의 기성세대는 디지털 기기를 사용하는데 익숙하지 못할 뿐만 아니라 기능을 미처 다 사용하지 못하고 일부만 사용하는 사람들이 많다. 이처럼 디지털 시대에 잘 적응하지 못한다는 뜻에서 기성세대는 '디지털 이주민(Digital Immigrant)' 또는 '디지털 이방인'으로 구분되기도 한다.

디지털 네이티브와 디지털 이주민은 단지 디지털 언어의 습득 및 디지털 기기의 활용에서만 차이를 보이는 것이 아니라 다양한 분야에서 행동과 사고에 차이가 있다.

2005년 통계청의 자료에 따르면 우리나라 30세 미만의 디지털 네이티브들이 2천만 명을 넘어, 이미 총 인구의 43%를 차지하는 것으로 나타났다. 이 연령층은 이미 전체 취업 인구의 20%에 달할 정도로 직장생활에서도 중요한 위치를 차지하고 있다.

디지털 네이티브의 특성을 보면 그들은 일반적으로 자신을 드러내는 데 적극적이고 열정적이어서 블로그나 개인 홈페이지처럼 개인 차원은 물론 거리응원이나 촛불시위에 참여해 집단으로 자신의 목소리를 내는 일에도 주저하지 않는다. 또 일과 놀이를 별개의 것이 아닌 같은 것으로 보고 학교 수업에는 집중하지 못해도 게임 등급을 올리기 위해서는 밤을 새우는 것을 예사로 생각한다. 그리고 이러한 습관은 직장에 들어가서도 블로그나 개인 홈페이시 접속으로 이어지고 심지어는 투잡스로 병행되기도 한다는 것이다.

문제는 디지털 네이티브들이 점차 사회의 주류로 등장하면서 이들 기업의 문화와 특성이 맞지 않는다고 외면했다가는 기업에서는 신입사원을 충원할 수 없다는 사실이다. 따라서 요즘에는 디지털 네이티브들의 특성을 반영해 기업의 근무 환경을 개선하고 있는 곳들이 증가하고 있다.

또한 디지털 네이티브들을 대상으로 한 마케팅이 시장을 지배할 것이라는 예측 때문에 기존의 마케팅에서 벗어난 새로운 마케팅 전략이 개발되어 실행되고 있다.

시장의 동향을 보면 디지털 네이티브들이 IT 제품의 소비 주체이므로 결국 기업은 가까운 미래의 디지털 소비시장에서 주 소비층인 디지털 네이티브가 요구하는 동향에 대비하기 위해 전력투구 할 수밖에 없는 상황으로 가고 있는 것이다.

유비쿼터스 세상에는 멀티플레이어만이 존재할 수 있다

유비쿼터스란 라틴어로 물이나 공기처럼 시공을 초월해 '언제 어디에나 존재한다' 는 뜻이다. 유비쿼터스란 용어는 1988년 미국의 사무용 복사기 제조회사인 제록스의 마크 와이저(Mark Weiser)가 '유비쿼터스 컴퓨팅' 이라는 용어를 사용하면서 처음 등장했다.

지금 우리가 사용하고 있는 유비쿼터스라는 용어는 유 · 무선을 가리지 않는 개념으로, 사용자가 컴퓨터나 네트워크를 의식하지 않는 상태에서 언제 어디에나 컴퓨터가 존재하고, 이들이 네트워크로 연결되어 있으며, 그러한 환경을 이용해 일을 할 수 있는 상태를 말한다. 즉, 유비쿼터스는 사용자가 시간과 장소에 관계없이 자유롭게 네트워크에 접속할 수 있는 정보통신 환경으로 유비쿼터스 통신, 유비쿼터스 네트워크 등과 같은 형태로 쓰인다.

유비쿼터스는 컴퓨터에 어떠한 기능을 추가하는 것이 아니라 원래 다른 기능으로 쓰이던 자동차 · 냉장고 · 안경 · 시계 · 스테레오 장비 등의 기기나 사물에 컴퓨터를 장착해 커뮤니케이션이 가능하도록 하는 정보기술(IT) 환경 또는 정보기술 패러다임을 뜻한다. 유비쿼터스화가 이루어지면 우리의 생활은 한층 빠른 속도로 변화하게 된다.

출근하는 자동차에서 앞 유리를 통해 전방의 교통상황을 볼 수 있고, 거래처와 화상으로 전화를 할 수 있으며, 증권이나 금융, 뉴스를 시청하면서 통신은 물론 회의나 결재, 업무를 진행할 수 있게 된다는 것이다.

마이크로 소프트사의 빌 게이트는 이러한 유비쿼티스의 영향으로 가정에서는 한쪽 벽면에 LCD와 같은 영상 출력 장치로 만들어 소비자가 가장 좋아하는 환경을 만들어 줄 수 있을 뿐만 아니라 선호하는 경치로 바꿀 수도 있고, 뉴스와 영화를 동시에 볼 수 있는 시대를 예견하고 있다. 이러한 예견은 이미 일부 실행되고 있으며, 세계적인 개발 경쟁이 더욱 가속화되고 있어 얼마 지나지 않아 우리 곁에 현실로 다가올 것이다. 유비쿼터스의 발달은 한 가지만 하며 살 수 있는 세상에서 한 번에 여러 가지 업무나 일을 처리하도록 사람들을 변화시키고 있다.

일부에서는 유비쿼터스가 만들어 내는 세상을 제3의 공간이라고 말한다. 제3의 공간이란 완전한 유비쿼터스 환경이 구현되어 모든 사물에 컴퓨터 네트워크가 가능한 칩(Chip)만 꼽으면 그것이 네트워크를 통해 서로 교신이 이루어지는 가상의 공간을 말한다. 이러한 공간에서 사는 사람은 신인류 즉 멀티플레이어가 되지 못하면 세상을 통제하지 못할 것이라는 예측을 낳게 한다. 멀티플레이어라는 신인류를 필요로 하지 않더라도 유비쿼터스 환경 속에서는 다양한 통신 기기를 통제할 수 있는 능력을 갖추어야만 세상을 살아갈 수 있도록 세상이 변화되고 있다.

DMB 시대의 도래는 새로운 멀티플레이어를 탄생하게 한다

DMB(Digital Multimedia Broadcasting ; 디지털 멀티미디어 방송)는 음성·영상 등 다양한 멀티미디어 신호를 디지털 방식으로 변환해 휴대용·차량용 수신기에 제공하는 방송 서비스로 '손 안의 TV'라고 불린다. 디지털 방송은 이미 귀에 익은 말이지만 디지털 방송과 DMB는 차이가 있다.

디지털 방송이란 기존의 아날로그 방송에서 화상과 음성을 디지털로 바꾸어 송신·수신함으로써 보다 선명하고, 깨끗한 화질과 다중 채널의 사운드를 즐길 수 있도록 만든 것이다. 뿐만 아니라 하나의 전파에 다수의 영상이나 음성을 실을 수 있으며 품질을 떨어뜨리지 않고 정보를 압축할 수도 있어 아날로그 방송 1채널의 주파수대에 4~8채널을 설정할 수 있다. 또한 컴퓨터를 사용해 정보를 컨트롤하기 쉽고, 시청자 쪽에서 주문하는 정보도 내보낼 수 있는 쌍방향도 가능해진다.

하지만 DMB는 무엇보다 걸어 다니거나 차를 타고 다니면서 깨끗한 디지털 방송을 볼 수 있다는 장점이 있다. 다시 말해 이동 중에도 DVD급 화질과 CD 음질의 깨끗한 멀티미디어 동영상을 시청할 수 있는 것이다. 더불어 디지털 방송처럼 쌍방향도 가능해진다.

DMB는 위성 DMB와 지상파 DMB로 나눌 수 있는데 위성 DMB는 말 그대로 위성을 통해 방송 신호를 쏘아 주는 것이고, 지상파 DMB는 우리에게 친숙한 지상파 방송국인 MBC · KBS · SBS · EBS 등의 기지국을 통해 방송 신호를 쏘아 주는 것이다. 즉 위성 DMB와 지상파 DMB의 구분은 전송망에 따른 구분일 뿐 품질의 차이는 없다.

DMB가 활성화되면 어떤 세상이 열릴까? 기존의 방송이 고정된 장소에서 시청이 공동으로 이루어진 반면, DMB는 개인적으로 언제 어디서나 시청이 가능하다. 따라서 개인의 취향에 맞는 프로그램을 선호하게 될 것이며, 개인의 욕구를 충족시키는 프로그램이 확산될 것이다.

DMB는 쌍방향성의 특징을 가지고 있기 때문에 상호작용이 가능하다. DMB는 기존의 멀티미디어 게임 · 날씨 · 증권 · 뉴스 등과 같은 각종 정보 서비스, 네비게이션을 이용한 교통 및 여행자 정보 서비스 등의 단방향 서비스도 가능하다. 쌍방향성의 장점을 살리면 개인의 건강 상태를 항시 체크해 건강에 대한 정보 제공이 가능하고, 개인의 취향에 맞는 맞춤형 지식 검색, 원격회의를 통한 의사결정, 고품질 및 대화형 주문자형 비디오 서비스(VOD), 가상 위치인식 도구, 재난방지 구호 서비스 등도 가능해 진다. 또한 실시간 시청자 의견조사, 시청자 참여형 프로그램과 같은 양방향 데이터 서비스가 제공될 예정이다.

DMB 보급과 디지털 기술을 기반으로 한 개인 선호의 콘텐츠 확산으로 인해 마케팅에도 변화가 일어난다. 기존의 방송처럼 다수를 대상으로 한 마케팅에서 벗어나 개인을 대상으로 한 다이렉트 마케팅, 안정된 고객 관리로 인한 전략적 마케팅, 영업자와 고객과의 관계가 항상 유지되어야 하는 관계 마케팅, 여러 가지 정보를 데이터 베이스화 해서 고객 데이터 베이스를 바탕으로 고객 개인과의 장기적인 관계 구축을 집행하는 DB 마케팅이 증가할 것으로 예상된다. 또한 디지털 미디어의 상호 작용으로 인한 소비자의 반응을 바로 측정함에 따라 차세대의 광고 매체로 황금알을 낳는 시장으로 평가되고 있다. 이처럼 DMB는 다양한 채널의 전문가가 필요하며, 매체에 대한 전문가의 수준을 넘어 채널과 관련된 소비자를 파악하고 있는 마케팅 지식을 요구하고 있다(이명훈, 2000). 이렇게 볼 때 앞으로의 시대는 DMB 매체의 전문가이자 마케팅의 전문가가 되어야만 살아남을 수 있다는 결론이다. 결국 DMB 시대의 도래는 멀티플레이어를 요구하는 것이다.

멀티플렉스 영화관은 멀티플레이어의 놀이 공간이다

지금 우리 주변에는 다양한 기능을 가진 공간 즉 멀티공간으로 사업에 성공하는 곳이 늘어나고 있다. 멀티공간이 늘어나는 이유는 소비자에게 1차적인 목적달성과 함께 부가적인 편익으로 고객에게 선택의 기회를 늘려 시장 점유율을 높이겠다는 마케팅 전략이라고 할 수 있다.

멀티공간으로서 우리가 가장 쉽게 접할 수 있는 것은 복합영화상영관이다. 복합영화상영관을 멀티플렉스 영화관이라고도 하는데 멀티플렉스 영화관이 탄생한 이유는 1970~1980년대에 비디오와 TV에 관객을 빼앗긴 미국의 극장들이 불황 타개의 방법으로 원스톱 엔터테인먼트를 모토로 개발한 방식이다. 미국에서는 한 건물에 5개 이상의 상영관이 있는 경우 멀티플렉스라고만 한다. 우리나라에서는 2004년 111개 극장에 853개의 스크린을 가지게 되었는데 이는 앞으로도 계속 증가할 것으로 예상된다. 반면 비 멀티플렉스 극장의 시장 지배력은 매년 감소하고 있는데 멀티플렉스 극장의 증가로 시장 왜곡 현상은 더욱 심화될 전망이다.

이처럼 멀티플렉스 영화관이 시장을 지배하게 된 이유는 다양한 문화를 한 곳에서 즐기고자 하는 젊은이들의 욕구를 해결해주면서 비디오의 보급으로 전세가 불리했던 영화관에 소비자를 다시 불러오게 하는 역할을 수행했기 때문이다. 결국 멀티플렉스 영화관은 기존의 영화관이 영화만을 제공하는 것에 반해 여러 가지를 즐기고 싶어 하는 젊은 층을 위해 "영화, 그 이상의 감동을 제공한다."는 슬로건을 바탕으로 만들어졌다. 그래서 멀티플렉스 영화관은 영화, 쇼핑, 식사, 게임 어느 하나를 선택하면 다른 것은 포기해야 하는 기존의 문화와 달리 영화관이면서 쇼핑장소이자, 식당이며, 게임장이기도 하다. 즉 다양한 것을 동시에 즐기고자 하는 멀티플레이어를 위한 공간인 것이다.

원스톱 라이프 몰(one stop life mall)이 멀티플레이어를 부른다

지금은 원스톱 라이프 몰(One Stop Life Mall)이 뜨고 있다. 원스톱 라이프 몰은 말 그대로 쇼핑몰이 쇼핑을 하는 공간에서 벗어나 쇼핑은 물론 온 가족이 외식 · 오락 · 레저 · 문화생활을 한 번에 해결할 수 있는 종합 엔터테인먼트 공간을 말한다. 주5일 근무가 확산되면서 가족 단위의 주말 쇼핑과 레저 활동 인구가 급증하자 이에 따라 소비자들에게는 다양한 라이프스타일을 즐길 수 있는 멀티공간이 필요하게 된 것이다.

1990년대 말 동대문에 두산 타워나 프레야 타운 등의 대규모 패션 타운이 들어서고, 동 · 서울 터미널에 테크노 마트가 문을 열었을 때만 해도, 국내에 보기 드문 대단위 쇼핑몰로 각광을 받아 쇼핑객들의 발길이 끊이지 않았다.

이러한 바람을 타고, 최근까지 새로 들어서는 쇼핑몰들은 하나같이 테마 엔터테인먼트 쇼핑몰을 표방하고 나섰다. 상가 내에 쇼핑을 즐길 수 있는 공간은 물론, 대부분 영화관과 각종 오락시설, 그리고 각종 패스트 푸드점과 푸드 코드를 갖추고 있는 것이다.

그러나 이러한 단순 쇼핑몰들은 신세대 쇼핑객들의 욕구를 충족시키기에는 부족한 감이 있다. 그래서 신세대층의 욕구를 해소하고자 2000년대에 생겨난 것이 한 단계 더 발전된 형태의 '대형 복합 쇼핑몰'이다.

원스톱 라이프 몰은 광활한 부지에 쇼핑몰뿐만 아니라,

멀티플렉스 영화관, 외식 공간, 서점, 공연장과 주차장, 심지어는 녹지 공원까지 갖춘 그야말로 초대형 복합 쇼핑단지이다. 쇼핑 인구의 발목을 잡기 위한 쇼핑몰의 초대형화, 복합화 추세는 앞으로도 계속 될 전망이다.

코엑스몰(Coexmall)은 무역센터 지하 3만 6천 평에 국내 최대의 멀티플렉스 영화관 메가 박스와 동양 최대의 서점 반디앤 루니스를 비롯해, 패밀리 레스토랑, 상가, 아쿠아리움 등이 마치 작은 도시처럼 조성돼 있다. 지하철 2호선 삼성역에서부터 지하 통로에는 은행과 상점, 패스트 푸드와 먹을거리 마당 등이 즐비하게 들어서 있다. 주변에 코엑스 전시장, 아셈타워, 컨벤션 센터, 공항터미널, 현대 백화점, 인터콘티넨탈 등이 포진되어 있어 아시아 최대의 비즈니스, 관광, 쇼핑의 메카라는 평가를 받고 있다.

센트럴 시티(Central City)는 고속버스터미널을 중심으로 부지 면적 3만 5천 평에 건축 연면적이 13만 평을 넘는 곳으로 지하철 3, 7호선이 연결된 대단위 편의시설로 도시 속의 작은 도시라고 불린다. 또한 신세계 백화점 강남점과, 멀티플렉스 센트럴 6시네마, 영풍문고 강남점, 게임 스테이션, 휘트니스 클럽, 한·중·일식 등 각국의 음식을 다양하게 맛볼 수 있는 월드 푸드 코트, 대규모 쇼핑 공간 등이 하나로 연결로 돼 있다. 지상으로는 매리어트 호텔과 명품 쇼핑몰인 마르퀴스 플라자 등이 자리하고 있어 비즈니스와 쇼핑의 메카로 손꼽히는 명소가 되었다.

스카이 시티(Sky-City)는 국제선이 인천공항으로 옮겨간 후, 웨딩, 컨벤션 센터를 비롯해 복합영화관 '엠파크 9'과 대형할인점 신세계 이마트, 동물 호텔 룸을 갖춘 대형동물병원, 패션 전문점, 전문 가구매장, 인테리어, 문구, 음반, 자동차에 이르기까지 쇼핑에 관한 모든 깃이 모여있을 뿐만 아니라, 푸드 코트와 전문식당, 게임 센터까지 갖춘 강서권 최대의 초대형 엔터테인먼트 쇼핑몰로 자리매김하고 있다.

월드컵몰(World-Cup Mall)은 총 시설 면적 2만 5천 평으로 대형할인점 까르푸가 위치하고, 복합상영관 CGV, 헬스장과 일반수영장, 유아 안전풀이 들어서 있으며, 사우나와 찜질방 시설, 놀이방, DVD룸, 예식시설, 패스트푸드와 다양한 식당가, 호프 광장과 야외 까페 등으로 강북 최대의 초대형 엔터테인먼트 공간으로 명소가 되어있다.

원스톱 라이프 몰은 기성세대에게는 정신없고 혼란스러운 장소로 인식되기 쉽지만 신세대들은 그들의 다양한 욕구를 한 장소에서 모두 실현할 수 있기 때문에 원스톱 라이프 몰을 마치 자기들의 놀이 동산으로 생각하고 있다. 멀티플레이어의 요구를 가장 잘 반영한 시설처럼 인식되어 사용률이 점차 증가하는 추세다. 앞으로도 원스톱 라이프 몰은 초대형 엔터테인먼트 공간으로서 더욱 대형화되고 다양한 컨텐츠를 융합해 새롭게 태어날 것이다.

블로그가 멀티플레이어를 양산한다

블로그란 웹(web)과, 항해 일지를 뜻하는 로그(log)의 합성어를 줄인 신조어로 1997년 미국에서 처음 등장했다. 미국에서는 온라인 개인 일기장으로 시작됐는데 지금은 사회 현상이나 정보를 전달하는 '1인 미디어', '뉴스 게릴라', '가장 빠른 매체'로 자리 잡고 있다.

블로그는 게시판 기능에서부터 개인 홈페이지 기능까지 사용하는 사람에 따라, 혹은 사용처에 따라 그 주제가 매우 다양하다. 이미 국내의 5대 포털이 모두 블로그를 도입했거나 추진 중에 있으며, 인터넷 사용자라면 누구나 하나씩 가지고 있을 정도로 필수 네트워크 공간으로 자리 잡았다.

블로그가 이처럼 인기를 얻게 된 이유는 사용이 쉽다는 것과 사용 방법에 따라 무한한 변화와 융합이 가능하다는 데 있다. 그래서 블로그는 멀티플레이어들의 다양한 재능과 욕구를 해결할 수 있는 장소로 활용되고 있다.

기존에 일반인들이 개인 홈페이지를 만들거나 관리하려

면 많은 시간과 노력을 들여야 했지만 블로그는 컴맹들도 한 시간 이내에 능숙하게 사용할 수 있다는 장점이 있다. 실제로 홈페이지는 웹에디터, HTML, FTP 같은 전문지식이 필요하지만 블로그는 블로그 사이트에 가입만 하면 바로 사용이 가능하며, 어렵게 배워야 할 지식이 없어 누구나 접근이 용이하다.

블로그는 지극히 개인적인 성격으로 시작되었지만 요즘은 기능이 강화되어 블로그 사이를 밀접하게 연결시키는 링크 기능을 많이 사용하고 있다. 이를 이용하면 마음에 드는 블로그 유저들이 뭉쳐 온라인 커뮤니티를 만들 수 있다는 장점이 있기 때문이다.

현재 블로그는 일기 외에도 다양한 용도로 사용되고 있는데 커뮤니티, 필터 사이트, 작문, 에세이, 리포트 사이트, 포토 블로그, 모바일 블로그, 기업 블로그, 동영상 블로그 등 다양한 주제와 용도로 사용되고 있다.

블로그의 주인인 블로거(blogger)는 뉴스의 발행인이자 편집국장이며 기자로 블로그는 인터넷상의 일인 언론사로 정보를 제공하고 중개하는 역할을 하기도 한다. 블로거는 정보의 생산자이자, 전달자, 제공자로서 다양한 기능을 수행하는 것이다. 즉, 블로그를 활발히 이용하는 사람들은 다기능을 수행하는 동안 자신도 모르게 멀티플레이어가 되어가는 것이다.

멀티시대가 멀티플레이어를 양산한다

21세기를 말하면서 많은 학자들이 융합이라는 단어를 빈번하게 사용한다. 융합은 디지털 기술의 특징이자 멀티미디어의 한 속성이라고 말할 수 있는데 이와 관련해 학자들은 디지털 테크놀로지의 추세를 다섯 가지로 요약하고 있다.

첫째, 모든 것이 공유 될 것이다. 아날로그 시대와 달리 디지털 시대에는 텍스트든 그림이든 음악이든 동영상이든 매체 타입에 관계없이 누구나 똑같이 저장하고 공유하고, 즐길 수 있다.

둘째, 모든 것이 네트워크에 연결될 것이다. 지금도 언제, 어디서나 인터넷을 사용할 수 있는 환경이 되었다. 그러나 앞으로는 모든 가전 제품이 하나의 네트워크에 연결되어 통제가 가능해 진다는 것이다. 소위 유비쿼터스의 시대가 되는 것이다.

셋째, 무선이 지배할 것이다. 종래 선으로 연결되었던 제품들의 선이 사라질 뿐만 아니라 무선으로 대화하고, 보고, 일을 해결할 수 있게 될 것이다.

넷째, 모든 것이 똑똑해 진다는 것이다. 지금까지 새로운 가전 제품의 출시는 사용자들에게 적응 기간을 요구했지만 앞으로는 기계가 사용자의 편의를 반영해 사용의 불편을 줄여주는 쪽으로 개발될 것이다.

다섯째, 세상에 존재하는 모든 것이 사이버 세상에도 생긴다는 것이다. 사이버 국가, 사이버 부부, 사이버 재판, 사이버 쇼핑, 사이버 교육 등이 이에 해당한다.

사회가 발전할수록 같은 종류의 것들이 한데 모이거나 전혀 다른 종류의 것들이 모여 하나의 제품으로 탄생한다. 이처럼 하나의 제품에 다양한 기능이 모여 다용도로 사용되는 것을 '멀티'라고 부른다. 오늘날의 사회 변화 양상을 보면 사람들은 멀티를 요구하고 기업은 이를 수용해 멀티 제품을 만들어 내고 있다. 가히 멀티가 지배하는 시대라고 해도 과언이 아닐 정도이다.

그렇다면 왜 사람들은 멀티를 원하고 있을까? 멀티를 원하는 이유는 스피드가 생명인 바쁜 현대인들이 일하는 시간을 줄일 수 있는 제품을 원하기 때문이다. 또 이왕이면 여러 가지 제품을 사느니, 다양한 기능이 모두 복합되어 다용도로 사용할 수 있는 하나의 제품을 원하기 때문이다.

이러한 현상은 디지털의 발전에 따라 더욱 빨리 변화되고 있으며 더욱 다양한 기능들이 멀티가 되고 있다. 멀티 제품은 기성세대에게 편리함과 시간의 절약이라는 이점을 주지만 자라는 신세대들은 멀티 세상을 당연하게 생각하고, 그 속에서 멀티 제품을 능숙하게 사용하면서 멀티플레이어가 된다. 멀티플레이어들은 더욱 진보된 멀티 제품을 원하기 때문에 세상은 멀티플레이어의 욕구를 해결하기 위해 더욱 멀티화 된 세상으로 진화할 것이다.

우리를 멀티플레이어로 만들어 주는 멀티 제품을 보면 다음과 같다. 멀티 제품의 변화 추이를 통해 미래의 트렌드를 읽을 수 있다.

▣ 멀티 카드가 생활을 편리하게 바꾼다

신용카드가 처음 나왔을 때만 해도 지갑에 많은 카드를 넣고 다니는 것을 자랑했던 시절이 있다. 몇 개의 카드를 가지고 다니느냐가 그 사람의 사회 활동 능력을 보여주는 하나의 척도였기 때문이다.

지금까지 카드는 신용카드뿐만 아니라 각종 멤버십카드, 버스카드, 현금카드, 전화카드, 복사카드, 이동통신회사 등 수많은 종류가 생겨났다. 그러자 모두를 지갑에 넣고 다니며 용도에 맞게 카드를 골라서 내야 하는 어려움이 생겼다. 소비자들은 카드의 모든 기능이 하나로 통합된 카드의 출현을 기대하기에 이른다.

카드 회사들은 이러한 소비자의 욕구를 해결하기 위해 여러 가지 기능을 통합한 '멀티 카드'를 선보이고 있다. 멀티 카드의 출현은 소지해야 하는 카드의 수를 줄여 지갑의 부피를 줄여주었다. 이제 카드 하나면 신용카드뿐만 아니라 각종 멤버십카드, 버스카드, 현금카드, 전화카드, 놀이 공원 입장, 출입카드 등 카드 하나로 모든 것을 해결할 수 있지만 소비자들은 더욱 많은 기능이 카드에 포함되기를 원하고 있다.

▩ PSP(PSP : PlayStation Portable ; 플레이스테이션 포터블)가 게임 환경을 변화시킨다

예전에는 게임을 하기 위해 컴퓨터에 연결하거나 TV와 연결해 게임을 즐기는 방법이 있었다. 그러나 이러한 게임은 대부분 집에서만 할 수 있는 방법이었다. 이러한 불편을 줄이기 위해 휴대용 게임기가 개발돼 자유롭게 외부에서도 게임을 할 수 있게 되었다. 그러나 성능은 실내 게임에 비해 만족스럽지 못했다. 다른 기능은 없이 오직 게임만 할 수 있었기 때문이었다. 그때 소비자들의 불편을 해결한 상품이 바로 PSP였다.

PSP는 소니가 만든 휴대용 게임 기구로 언제 어디서나 박진감 넘치는 게임을 즐길 수 있도록 개발되었다. 그전까지의 게임기와는 달리 게임은 물론 음악과 뮤직비디오, 영화 등도 감상할 수 있다. 또한 무선인터넷 환경이 갖추어진 곳에서는 인터넷도 사용할 수 있어 PC 대용으로도 인기가 높다.

▩ 멀티 휴대폰 안에 모든 게 들어간다

불과 10년 전만 해도 휴대폰을 냉장고 폰이라고 불렀다. 크기도 컸지만 그무게도 만만치 않았다. 그러던 휴대폰이 점차 가벼워지기 시작하더니 크기도 작아졌다. 흑백 액정이 칼라 액정으로 바뀌었고, 동영상에 음악도 지원되었다. 디지털 카메라가 융합되더니 MP3까지 융합되었다. 요즘은 게임 기능은 물론, 휴대용 컴퓨터(PDA), 전자수첩, DMB 수신 기능까지 추가 된 제품들이 탄생하고 있다.

뿐만 아니라 휴대폰은 멤버십, 마일리지, 각종 신분증 등을 휴대폰 무선 인터넷 서비스로 내려 받을 수 있는 서비스와 길 안내를 위한 네비게이션 서비스 등을 수행하고 있다. KTF의 경우 국내 20여 개 대학교를 대상으로 주차장 출입, 식당, 출결석 확인, 도서관 출입 및 대출 등의 용도로 활용 가능한 서비스를 선보이고 있다.

휴대폰은 현대인들에게 필수품이 되어 인간의 몸에 가장 가까이 있는 물건이 되었다. 따라서 앞으로 사회의 이슈가 되는 서비스와 기능은 추가적으로 복합될 것이다.

▨ 미니켓 포토는 디지털계의 멀티플레이어다

미니켓 포토는 명함 크기의 슬림한 디자인에 캠코더, 디지털 카메라, MP3, PC카메라, 보이스 레코더, 휴대용 저장 장치 등의 6가지 기본 기능이 들어 있다. 그러나 요즘은 언제 어디서든 방송을 수신할 수 있도록 지상파 DMB 수신 기능을 갖추고 있어 다양한 디지털 엔터테인먼트를 즐길 수 있는 만능 멀티플레이어 제품으로 성장하였다.

미니켓 포토는 휴대폰이 가지고 있는 여러 기기의 복합에서 오는 단점을 해결하면서 디지털 카메라의 기능을 더욱 확대해 만든 제품이다. 미니켓 포토는 휴대폰이나 디지털 카메라의 MP3나 동영상 기능이 향상되면 흡수될 제품이다.

▨ 멀티 스포츠가 여가 문화를 바꾼다

스포츠계에도 멀티 바람이 분다. 일반적인 스포츠에 식상한 사람들이 늘어나면서 스포츠도 비슷한 종목끼리의 융합을 시도하고 있다.

멀티스포츠는 한 종목 이상의 복합적인 스포츠 종목이 연이어 실시되는 스포츠를 말한다. 멀티스포츠에는 수영-사이클-달리기를 종합한 트라이애슬론(Triathlon), 수영-달리기를 종합한 아쿠애슬론(Aquathlon), 달리기-사이클을 종합한 듀애슬론(Duathlon), 달리기-산악자전거-크로스컨트리스키를 종합한 동계트라이애슬론(Winter Triathlon) 등이 있다.

멀티 스포츠 가운데 가장 잘 알려져 있는 트라이애슬론 종목은 2000년 마침내 올림픽 정식 종목으로 채택되었고, 전국 체전 정식 종목으로 자리 잡게 되었다.

▨ 멀티 브랜드 숍(Multi-Brand Shop)이 소비문화를 바꾸어 간다

멀티 브랜드 숍이란 비슷한 종류의 경쟁 브랜드를 모아 한곳에서 판매하는 브랜드 토탈형 복합 전문점을 말한다. 소비자의 욕구가 점점 다양해지고 쇼핑할 때 원하는 상품을 동시에 보려는 욕구가 증가함에 따라 멀티 브랜드 숍이 생겨나기 시작했다. 최근 이러한 멀티 브랜드 숍은 브랜드 토탈 전문점에서부터 편집 매장에 이르기까지 그 형태가 매우 다양하다. 특히 복합 패션 전문점은 감각적인 신세대들에게 패션, 인테리어, 음반 등 그들이 좋아하는 주변 문화를 융합시킨 새로운 문화 공간을 제시함으로써 쇼핑을 하나의 즐거움으로 인식하도록 하고 있다.

▨ 멀티 마케팅이 새로운 마케팅을 주도한다

지금까지 상품을 판매할 때는 한 가지를 팔기 위한 광고와 마케팅을 개별적으로 하였다. 그러나 이처럼 개별적으로 광고와 마케팅을 진행하면 비용이 많이 든다. 이러한 단점을 보완하기 위해 종류가 다른 것을 동시에 판매하는 방법을 멀티마케팅이라 한다. 예를 들어 영화 개봉과 동시에 영화 속에 등장하는 의류, 문구, 음반 등의 상품을 판매하는 마케팅을 말한다.

나도 멀티플레이어가 될 수 있다

스 테디셀러 《성공하는 사람들의 7가지 습관》은 미국 내 리더십 이론의 대가인 스티븐 코비가 수십 년 간 성 공한 이들의 성격과 행동의 특질을 연구해 7가지의 공통점 을 추려 소개한 것이다. 그는 책을 통해 세상에는 보이지 않 지만 우리들 자신의 의지와 관계없이 성공하는 습관은 엄연 히 존재하며, 우리의 삶을 다스리는 인생의 법칙이나 성공 의 비결이 있다고 강조하였다.

따지고 보면 인생의 법칙이나 성공 비결은 바로 우리 주 변의 평범한 곳에 있다. 다만 실천이 쉽지 않을 뿐이다. 성 공한 이들의 공통점을 자세히 음미하다 보면 정반대 편에 실패한 이들의 모습이 보인다. 성공의 습관(공통점)이 있듯 이 실패의 습관도 존재하는 것이다.

성공한 사람의 습관과 실패한 사람의 습관을 비교해 보면 다음과 같은 차이가 있다.

실패한 사람은 비전이 없고 성공한 사람은 비전이 있다.
실패한 사람은 생각만 하고 성공한 사람은 실천을 한다.
실패한 사람은 현실에 안주하지만 성공한 사람은 도전을
한다.
실패한 사람은 부정적이지만 성공한 사람은 긍정적이다.
실패한 사람은 남을 탓하지만 성공한 사람은 자신을 탓
한다.
실패한 사람은 기회가 왔는지 조차 모르지만 성공한 사
람은 기회를 잘 이용한다.

정확한 비전과 목표를 가져야 한다

비전(vision)이란 미래에 대한 구상 즉 꿈이나 장래의 희망을 말하며, 목표는 시간과 비용이라는 제약조건 하에 달성하고자 하는 특정하고 측정 가능한 성취 상태를 말한다. 따라서 어떤 일을 하기 위해서는 비전과 목표가 있어야 한다.

성공은 우연히 찾아오는 것이 아니라 준비하는 사람의 것이라는 말이 있다. 성공을 기대하지 않았는데 찾아오는 법은 없다는 말이다. 또 성공을 기대하지 않는 사람은 성공이 찾아와도 성공인지 모르고 지나치는 경우가 대부분이다. 그러나 성공을 원하는 사람은 포기하지 않고 최선을 다할 때 언제든 성공이 찾아온다.

마찬가지로 멀티플레이어도 결코 우연히 만들어지는 것이 아니다. 정확한 비전과 목표 아래 실천적인 행동이 뒷받침 될 때 자신이 원하는 멀티플레이어가 될 수 있다.

그러나 '비전과 목표를 찾는다는 것'은 쉬운 일이 아니다. 비전과 목표는 누군가 우연히 나에게 던져줄 수도 있고 스스로 세울 수도 있는 것이지만, 한번도 그것을 어떻게 찾아야 하는지 배우지 않은 사람은 자신의 비전과 목표를 찾는 방법을 알기가 쉽지 않다. 왜냐하면 마음 깊숙이 인정하지 않은 비전과 목표는 달성하기 어려울 뿐만 아니라 달성한다 해도 행복하지 않기 때문이다. 그래서 멀티플레이어가 되기 위한 비전과 목표를 좀 더 쉽게 찾기 위한 방법으로 다음을 권하고 싶다.

멀티플레이어가 되기 위한 개인과 조직의 비전은 현실적이어야 한다. 희망적인 단어들의 나열은 현실과 거리가 있을 수밖에 없다. 멀티플레이어가 되기 위해서는 자신과 조직의 현실을 정확히 바라보고 미래에 대한 변화의 방향을 인식해 비전을 수립하는 것이 매우 중요하다. 예를 들어 "나는 무엇이 되는 것이 좋을까?", "내 적성에 어떤 일이 가장 잘 맞을까?", "내가 가장 잘 알고 쉽게 접근할 수 있는 일은 무엇일까?", "지금 하는 일에 좀 더 폭 넓은 지식을 얻기 위해서는 어떻게 해야 할까?", "지금 하는 일과 어떤 일을 병행하는 것이 가장 효과적일까?", "미래에는 어떤 일을 하는 것이 좋을까?"에 대한 충분한 생각과 점검을 통해 자신에게 적합한 멀티플레이어로서의 비전을 세워야 한다.

멀티플레이어가 되기 위해 비전을 세웠다면 비전 달성을 위해 어떤 종류의 노력이 얼마만큼 필요한가라는 정확한 목표를 세워야 한다. 정확한 목표에 부합하는 구성 요인들을 계획하고 분석하면 그만큼의 목표를 달성할 수 있다. 따라서 정확한 목표를 설정하기 위해 "나의 행동이 가져올 결과는 무엇인가?", "목표를 달성했을 때의 성과는 구체적으로 어떻게 나타날 것인가?", "목표 달성을 위해 필요한 시간은 어느 정도인가?", "목표 달성을 위한 인적·물적 자원은 얼마나 필요한가?", "목표 달성에 투자한 자원과 비교해 얼마를 얻었는가?" 등이 고려되어야 한다.

멀티플레이어에게 적성은 중요하지 않다

적성(適性)은 직업에 대한 개인의 적응능력 또는 어떤 사물에 알맞은 성질을 말한다. 여기서 말하는 '알맞은 성질'이란 천부적으로 타고난 성질로 보는 것이 타당할 것이다. '알맞은 성질'을 제대로 아는 것이 적성을 아는 것이고, 나아가 자신의 적성을 알아야 그에 따른 올바른 진로를 선택할 수 있다. 학창시절에는 적성검사를 통해 자신에게 맞는 공부나 장래의 직업을 찾았다. 테스트가 단지 언어, 수리, 외국어 등의 문제를 풀어 측정하는 방식이지만 개인에게 어느 만큼은 도움이 되는 방식일 것이다.

지구상에 존재하는 모든 생물체는 생존을 위해 천부적으

로 독특한 성격과 감각을 가지고 태어난다. 개인마다 생긴 모양이 다르듯 천부적인 성격 역시 다르게 타고 난다는 데에는 매우 중요한 의미가 있다. 그래서 사람들에게 선망의 대상이 되는 직업을 위해 또는 부모의 뜻에 따라 진로를 선택하는 것은 매우 위험한 일이다.

서울대를 수석합격하고 사법시험을 통과해 유명해진 장승수씨는 일찍이 아버지를 여의고 어려운 가정 형편 때문에 대학을 포기한 채 술집과 당구장을 돌아다니며 싸움으로 고교 시절을 보냈다. 고등학교를 졸업한 후에는 포크레인 조수, 오락실, 가스 배달, 택시 기사, 공사장 막노동을 전전하며 집안의 생계를 책임지는 가장 노릇과 뒤늦게 찾아 온 공부에 대한 열정으로 늦깎이 수험생을 병행해야 했다. 무엇이 그의 적성이었을까? 법조인이 그의 적성일까? 사실 포크레인 조수, 오락실, 가스 배달, 택시 기사, 공사장 막노동 등의 일은 적성에 상관없이 그가 할 수 밖에 없었던 일이다.

나 역시 처음에는 고등학교 교사로 일하면서 교사가 적성에 맞지 않는다고 생각해 컴퓨터, 요리, 자동차, 전자, 통신, 여행, 기계, 교육, 서비스 등의 다양한 공부를 했고, 각 해당 분야의 일도 해보았다. 그러나 어떤 분야도 그것이 꼭 나의 적성에 맞는다고 확신할 수 없다. 다만 상황에 따라 내가 꼭 해야 되는 일이라는 생각이 들면 최선을 다했고, 그러다보니 지금에 이르게 된 것이다. 물론 한 분야에 최선을 다했다면 아마도 그 분야의 전문가가 되었을지도 모를 일이다. 그러나 나는 한 분야의 전문가보다는 멀티플레이어가 되기를 원했고, 지금도 그 길을 가고 있다. 물론 타인에게는 고생을 사서 하는 것처럼 보일 수도 있지만 나는 새로운 분야에 대한 도전이 시작되면 가벼운 흥분이 느껴진다. 마치 어릴 때 소풍을 앞둔 전날 밤과도 같다. 그러한 설레임이 나의 도전을 자극하기 때문에 적성은 문제가 되지 않는다고 생각한다. 확실한 것은 내가 한 가지 일에만 최선을 다했더라면 지금처럼 평생 직업을 가질 수 있다는 자신감은 결코 얻지 못했을 것이라는 점이다.

적성도 중요하지만 적성을 너무 고려하다 보면 멀티플레이어로서 보다는 한 분야의 전문가에 그칠 확률이 높다고 생각한다. 또한 적성은 선택할 수 있는 것이 다양한 사람이 생각할 수 있는 것으로 먹고 살기 위해서 단순 노동 밖에 할 일이 없는 사람에게 적성을 따지는 것은 사치가 된다. 멀티플레이어가 되기 위해서는 적성보다는 미래에 자신의 삶을 이끌만한 무엇이 자신에게 내재되어 있는가를 생각하고 도전하는 것이 바람직하다.

자신을 정확히 알아야 한다

자기 자신을 정확히 알아야 무슨 일이든 시작할 수 있다. 자기 자신을 정확하게 파악하지 못하고 출발하는 경우 도중에 목표를 잃고 방황하기 쉽다. 더욱이 멀티플레이어가 되는 일은 많은 노력과 시간이 투자되는 일이다. 자신이 어떤 멀티 플레이어가 될 것인가에 대해 목표를 세우고 계속 진행할 수 있을지의 여부를 정확히 판단해야 한다.

자기 자신을 정확히 알기 위해서는 자신의 상태와 환경을 종합적으로 분석해야 한다. 단순히 생각만으로 자기 자신을 분석하다 보면 주관적으로 분석하게 되기 때문에 다른 사람들의 생각과 다르게 자신을 분석할 수 있다. 무엇보다 객관적인 분석이 필요한데 이를 위해 SWOT 분석이 필요하다.

스와트(SWOT)는 원래 마케팅에서 주로 사용하는 방법으로 자신의 강점(Strength)·약점(Weakness)·환경의 기회(Opportunity)·위협(Threat) 등의 단어에서 머리글자만을 따서 붙인 것이다. SWOT 분석은 단어의 뜻 그대로 자신의 능력에서 강점과 약점을 분석하고 환경의 기회와 위협을 분석하는 것이다.

나의 강점 요인으로 나의 장점은 무엇인가?, 나의 가치는 높은가?, 경제적인 여유가 있는가?, 시간의 여유가 있는

가?, 나의 능력은 무엇인가?, 내가 잘할 수 있는 것은 무엇인가?, 나의 재능은 무엇인가? 등을 분석하는 것이다. 반대로 나의 단점 요인은 강점 분석 사항 중 그렇지 못한 부분을 분석하는 것이다.

기회 요인으로는 사회 변화가 어떠한가?, 회사의 발전 가능성은 어떠한가?, 자신이 하는 일의 전망과 동향은?, 나에게 찾아온 기회 요인은 무엇인가? 등을 분석하는 것이다. 반대로 위협 요인은 기회 요인 사항 중 그렇지 못한 부분을 분석해야 된다.

나의 강점과 약점을 환경의 기회와 위협에 대응시켜 자신이 목표로 한 멀티플레이어를 SWOT 분석에 의한 전략의 특성은 다음과 같다.

- SO 전략 (강점-기회전략) : 환경의 기회를 활용하기 위해 강점을 사용하는 전략을 선택한다.
- ST 전략 (강점-위협전략) : 환경의 위협을 회피하기 위해 강점을 사용하는 전략을 선택한다.
- WO 전략 (약점-기회전략) : 약점을 극복함으로써 환경의 기회를 활용하는 전략을 선택한다.
- WT 전략 (약점-위협전략) : 환경의 위협을 회피하고 약점을 최소화하는 전략을 선택한다.

▷ SWOT 분석의 예

Strength (강점)	Weakness (약점)
• 일반적인 지식을 많이 안다. • 잡기에 능하다. • 무엇이든 붙들면 끝장을 본다.	• 직장을 다녀 시간이 부족하다. • 인간관계가 원만하지 않다. • 전문 분야의 지식이 깊지 않다.
Opportunity (기회)	Threat (위협)
• 회사 내 멀티플레이어에 대한 요구 증가 • 회사가 계속적인 발전 • 맡은 분야의 비중이 높아짐	• 회사 내에서 직위가 위태롭다. • 새로운 기술의 보급으로 인해 밀려나고 있다. • 승진시험이 곧 있다.

SWOT 분석 결과로 얻어진 것 중에서 전략을 도출하고, 도출된 전략 중 목적 달성의 중요성, 실행 가능성, 차별성을 고려해 성공할 확률이 높은 것을 중점 전략으로 선정한다. 이러한 자신과 환경에 대한 분석은 현재 나의 위치가 어디이고 내가 알아야 할 지식과 세워야 할 목표가 무엇인가를 결정하는데 도움을 준다. 능력과 상황을 무시한 목표는 우리를 지치게 만들고, 능력에 미달하는 목표는 우리를 나태하게 만들기 때문이다.

이처럼 우리가 원하는 목표를 달성하도록 자신을 바로 잡아 나가도록 도와주는 도구가 바로 자신에 대한 정확한 분석이다. 정확한 분석은 정확한 목표를 만들어주며, 목표를 달성하려는 의지를 더욱 효과적으로 만들어주기도 한다. 자신을 정확히 분석하는 시간을 통해 어느새 자신이 원하는 멀티미디어로 변화되고 있음을 체험하게 될 것이다.

내가 할 수 있는 멀티플레이어의 유형을 선택해야 한다

멀티플레이어는 말 그대로 다양성을 가진 전문가를 말한다. 따라서 전문성과 다양성과의 상관관계의 정도와 분야에 따라 프로페셔널형, 스페셜형, 카리스마형, 가이드형, 제너럴형 멀티플레이어 등으로 구분할 수 있다. 각 유형에 따른 특징은 다음과 같다.

▒ 프로페셔널형 멀티플레이어

프로페셔널이란 자신이 선택한 특정한 학문체계에 뒷받침된 고도의 지식을 자신의 분야에 적극적으로 활용하는 사람을 말한다. 프로페셔널형 멀티플레이어는 시대의 변화에 따라 끓임없이 자신의 분야에 대한 해박한 지식을 겸비한 사람을 말한다. 항상 전문 분야를 이끄는 전문가로 절제를 통한 자기관리에 철저한 사람을 말하며 통상 한가지의 지위를 가지나 역할은 다양할 수 있다.

▒ 스페셜형 멀티플레이어

스페셜형 멀티플레이어란 자신이 선택한 특정 분야에 대한 전문적인 지식을 보유하고 있으면서, 전혀 다른 분야에도 우열을 가리기 어려운 전문적인 지식을 가진 사람을 말한다. 스페셜형 멀티플레이어는 지위와 역할이 다양해 상대방의 상황에 따라 다양하게 변모하는 멀티플레이어를 말한다.

●

▒ 카리스마형 멀티플레이어

카리스마는 보통의 인간과는 다른 초자연적·초인간적인 재능이나 힘을 말한다. 카리스마 멀티플레이어형은 자신의 분야에 대한 전문적인 지식을 습득하고 관련 지식은 부족하지만 타의 추종을 불허하는 멀티플레이어로 보통 사람들로부터 부러움과 시샘을 동시에 받는 멀티플레이어다. 카리스마형 멀티플레이어는 통상 한 가지의 지위나 역할을 수행한다.

▒ 가이드형 멀티플레이어

가이드형 멀티플레이어란 자신의 분야에 대한 전문성은 떨어지지만 다양한 분야에 전문적인 지식을 가진 멀티플레이어로 주변 사람들이 편안한 마음으로 업무를 진행하거나 성공할 수 있도록 자세히 그리고 침착하게 안내하고 끌어주는 멀티플레이어를 말한다. 가이드형 멀티플레이어는 시종일관 진지한 자세로 편안한 안내를 통해 사람들에게 성실하다는 신뢰감을 주며, 이를 통해 원하는 목표를 달성할 수 있다. 가이드형 멀티플레이어는 통상 한 가지의 지위를 가지나 역할은 다양할 수 있다.

▒ 제너럴형 멀티플레이어

제너럴형 멀티플레이어는 자신이 선택한 특정 분야에 전문적인 지식을 갖지 못한 상태에서 다른 분야에도 전문적인 지식을 갖지 못한 멀티플레이어를 말한다. 전문성은 없지만 일반적인 지식과 재능을 고루 갖춘 다재다능한 멀티플레이어를 말한다. 제너럴형 멀티플레이어는 통상 다수의 지위를 가지며 역할도 다양할 수 있다.

▶ 멀티플레이어 유형의 예

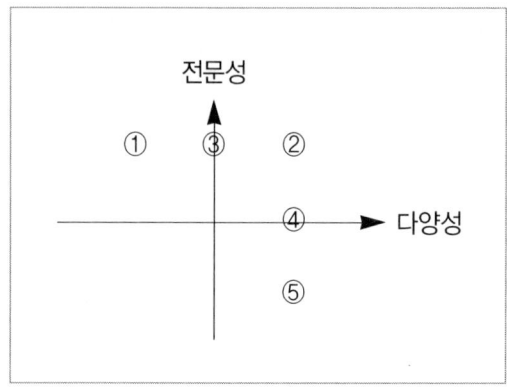

① 프로페셔널형
② 스페셜형
③ 카리스마형
④ 가이드형
⑤ 제너럴형

전략이 있어야 가는 길이 멀지 않다

불안한 고용 구조 속에서 사람들은 직업을 찾기 위해 다양한 무기로 자신을 무장하기 위해 노력하고 있다. 자기도 모르는 사이 멀티플레이어가 되어 가고 있는 것이다.

재학생들은 전공에서 높은 학점을 받는 것으로도 부족해 토익과 토플에서 높은 점수를 받아야 하고, 이것으로도 부족해 외국어 연수를 다녀오는 것이 일반화되고 있다. 또한 IT관련 자격증을 3~4개씩 갖춰가며 취업에서 유리한 점수를 받고자 노력한다.

직장인들은 회사에서 치루는 다양한 승진이나 경쟁시험에서 살아남기 위해 직업에 대한 전문지식을 쌓아야 하고, 어학시험을 준비하거나 대학원에 진학한다. 이제 대학은 원하면 누구나 들어갈 수 있을 정도로 숫자가 넘쳐나고 있다. 학력 인플레이션 현상도 심해져 대학원을 나온 사람도 많다. 직업을 갖거나 직업을 유지하기 위한 사회라는 전쟁터는 멀티플레이어가 되지 않으면 살아남을 수 없는 세상이 되고 있다. 그러나 무작정 많은 것을 준비한다고 해서 모든 사람이 다 잘되는 것은 아니다.

사회 분위기에 발맞춰 최근 직장인들 사이에서는 치열한 경쟁에서 살아남기 위한 자기계발의 열기가 높다. 특히 자신의 경쟁력을 확보하기 위해 새벽 학원을 다니는 등 많은 시간과 노력과 비용을 투자하고 있다. 그러나 자기계발의 포인트가 토익 점수 올리기와 같은 무조건적인 점수 따기나 활용 여부가 불투명한 자격증 획득 등 소모적인 경우가 많은 것이 사실이다. 업무와 상관없는 단순한 외국어 공부나 자격증을 딴다고 해서 회사 내 경쟁력이 높아지는 것은 아니다. 어떤 사람은 인생을 다 바쳐 멀티플레이어가 되려고 대학, 대학원을 거쳐 수많은 자격증을 갖추어도 직장을 얻는 데 실패하는 경우가 있다. 멀티플레이어가 되는데도 전략이 있는데 전략은 생각하지 않고, 다양한 커리어만 만들어냈기 때문이다.

다양한 커리어를 만들었다면 그것을 사회가 원하는 멀티플레이어가 되기 위해 잘 꿰어야 한다. 우리말에 "구슬이 서 말이라도 꿰어야 보배다."라는 속담이 있다. 아무리 좋은 능력을 갖고 있어도 활용하지 않으면 쓸모가 없다는 뜻이다. 남들보다 월등한 조건을 가지고 있어도 제대로 활용하지 않으면 어떠한 결실도 거두지 못하는 사람에게 비유할 수 있다.

사회는 날이 갈수록 멀티플레이어를 요구한다. 그래서 점차 사람들은 멀티플레이어가 되기 위해 노력할 것이다. 그러나 멀티플레이어가 되어 내가 원하는 직업이나 일을 하고 싶다면 전략적으로 접근해야 한다. 사회나 직장에서는 단순한 멀티플레이어보다 실질적으로 해당 분야에 관련된 전문성 있는 멀티플레이어를 요구하기 때문이다. 지금 기업이 원하는 것은 커뮤니케이션, 프레젠테이션 능력뿐만 아니라 마케팅 및 협상 능력, 더 나아가 리더십을 발휘할 수 있는 능력을 갖춘 사람이다. 기업으로의 진출을 원한다면 기업이 원하는 진정한 멀티플레이어가 되기 위해 단순한 학력 향상이나 자격증 취득이 아닌 커뮤니케이션, 프레젠테이션 능력, 마케팅 및 협상 능력, 더 나아가 리더십에 대한 멀티플레이어가 되어야 한다. 이처럼 자기가 진입하고자 하는 시장에서 멀티플레이어로서 성공하려면 시장이 정확하게 무엇을 원하는지 알고 시장을 공략할 수 있는 전략을 세워 그 전략에 따라 자신의 능력을 향상시켜야 할 것이다.

계획표를 만들면 반은 성공한 것이다

계획표를 만든다는 것은 멀티플레이어가 되기 위해 어떻게 하루의 일을 처리하고 목표가 도달할 때까지 일정을 어떻게 보낼지 미리 계획해서 적어 놓는 것을 말한다. 즉 목표를 달성하기 위해 미리 일일 계획, 월간 계획, 연간 계획을 표의 형태로 만드는 것을 말한다.

계획표를 만드는 것이 귀찮아 대충 머리 속으로만 세우는 계획은 당장 그만두는 것이 좋다. 학창시절 수없이 만들어 책상 앞에 붙여 두었던 계획표도 지키지 못하는 경우가 많았는데 하물며 머리 속으로만 세우는 계획은 어떠하겠는가? 계획표를 의미 없는 한 장의 종이로 남기지 않기 위해 이제라도 계획표를 운명 결정표라 부르면 어떨까? 운명 결정표를 지킬 때 자신에게 좋은 운명이 찾아오고, 지키지 못할 때 나쁜 운명이 찾아온다고 생각하면 좀 더 진지하고 적극적으로 계획을 실천할 수 있을 것이다.

계획을 짤 때는 무엇보다 자기 자신을 정확히 알아야 한다. 자신의 능력을 넘는 계획은 쉽게 지치게 만들고 능력보다 미달되는 계획은 사람을 나태하게 만들기 때문이다. 도달하고자 하는 목표에 따라 계획은 각자 다르겠지만 자신의 능력이나 상황에 맞게 계획표를 짜야 하므로 처음에는 적은 양부터 시작해 조금씩 양을 늘려가는 것이 좋다.

계획표는 아래의 계획표처럼 종이 또는 다이어리, 컴퓨터의 바탕 화면을 이용해 틈틈이 작성하면서 자신의 실적에 대해 평가하는 것이 좋다. 실천할 수 있는 계획표를 짜면 시간을 밀도 있게 쓸 수 있고, 빠른 시간 내에 상당한 효과를 가져 올 수도 있다.

▶ 계획표 작성의 예

날짜	구분	계획	장소	방법	시간	실적	평가
1월 1일	오전	토익 영어 듣기	버스	테이프	30분	1번 들음	5
	오후	스피치 책 읽기	식당	독서	30분	3p 읽음	4
	밤	공인중개사 강의 듣기	학원	수강	3시간	민법 1단원	5
1월 2일	오전	비즈니스 회화 5개 외우기	화장실	독서	10분	3개 외움	2
	오후	프레젠테이션 스킬 익히기	도서실	컴퓨터	0분		0
	밤	공인중개사 강의 듣기	학원	수강	3시간	민법 2단원	5
1월 3일	오전	토익 영어 듣기	출·퇴근 시간	테이프	30분	2번 들음	5
	오후	스피치 책 읽기	식당	독서	30분	6p 읽음	5
	밤	공인중개사 강의 듣기	학원	수강	3시간	민법 2단원	5

계획표대로 목적을 달성하면 성취감과 자신감을 얻어 더욱 목표 달성에 추진력이 붙게 되고, 계획이 뒤쳐지면 분발해야 된다는 반성을 하게되 계획표는 훌륭한 당근과 채찍이 될 수 있다. 또한 계획표가 있을 때 책을 보는 속도도 조금씩 증가하고 회독수 또한 늘어나게 된다.

계획을 세워 살아보지 않은 사람들의 경우 계획표를 짜도 처음에는 잘 지켜지지 않아 계획을 세우는 일 자체에 회의를 느낄 수 있다. 그러나 계획표를 만들어 하루라도 실행했다면 계획표를 만들지 않은 것보다 단 하루라도 유용하게 보낸 것이 된다.

시간 관리가 생명이다

  시간이란 한 번 지나면 다시 돌아오지 않는 것이므로 시간을 쓸 때는 항상 신중히 생각해서 행동해야 한다. 우리는 시간의 중요성에 대한 말들을 흔히 접한다. '시간은 금이다', '하루 5분이면 인생이 바뀐다', '하루하루를 우리의 마지막 날인 듯 보내야 한다', '세월은 화살과 같이 지나간다' 등의 말은 하루하루를 의미 있게 보내라는 의미를 담고 있는 것이 대부분이다.

  시간이 소중한 까닭은 시간이 우리 인생에서 가장 가치 있는 자산 중의 하나이기 때문이다. 소중한 자산을 최대한 활용하기 위해서는 미친 듯이 달려들어 '빨리 빨리'를 외칠 수밖에 없다. 심지어 시간을 절약하기 위해서는 두세 가지의 일을 한꺼번에 하라는 금언도 있다. 그러나 아직도 많은 사람들이 한 번에 한 가지 일에 최선을 다하라고 한다. 여기서 안타까운 것은 살다보면 항상 한 가지 일에 최선을 다할 시간적인 여유가 없는 경우가 더 많다는 것이다.

때로 빠름을 추구하는 사회에 부담을 느껴 느림의 기쁨을 추구하는 사람도 있다. 빠른 세상과 인연을 끊고 홀로 은둔 생활을 선택할 수도 있다. 그러나 다시 사회에 돌아왔을 때 그가 받아야 할 엄청난 문화적 충격은 스스로 감내해야 할 것이다.

또 몇 몇이 모여 하루가 다르게 변해가는 세상을 비웃으며 살아갈 수도 있다. 그러나 그들은 느린 삶이 주는 행복감을 느낄 수 있을지는 몰라도, 결코 세상의 변화를 주도하는 빠름을 이기지는 못할 것이다. 그들은 빠름을 이긴 것이 아니라 그저 빠름을 피해 숨어버린 것이기 때문이다.

세상이 복잡해지면 복잡해질수록 개인의 역할과 지위가 다양해질수록 본인의 의사와 상관없이 스케줄이 생기고 일이 생기게 된다. 멀티플레이어는 여러 가지 분야의 지식으로 다양한 업무를 할 줄 아는 사람이기에 시간 관리를 통해 많은 일들을 차근차근 진행할 수 있다.

시간 관리를 잘못해 시간이 부족한 상태에서 멀티플레이어가 된다는 것은 실천은 하지 않고 마음만 멀티플레이어가 되기를 원하는 것과 같다. 그러나 지금까지 성공한 사람들을 보면 결국 시간 관리에 성공한 사람들이 대부분이다. 그들은 시간 관리를 통해 남은 시간을 자신의 발전에 투자해 성공했을 뿐만 아니라 시간 관리 면에서도 멀티플레이어가 된 사람들이다.

시간 관리의 멀티플레이어란 자신에게 주어진 시간을 면밀히 분석해 쓸데없는 곳에 시간을 낭비하지 않고, 시간 사용 습관에서도 최소한의 시간으로 최대한의 효과를 보기 위해 노력하는 사람들이다. 또 아무리 바빠도 자신의 계발을 위해 자투리 시간을 모아 자신의 성공을 위해 멀티플레이어가 되었다. 바쁜 출·퇴근길에서도 사신이 세운 목적을 덜성하기 위래 기차나 전철 안에서 독서를 하는 일본인들의 근성이 그것이다.

멀티플레이어가 되고자 하는 사람들은 평상시에도 열심히 사는 사람들이다. 학생들은 학교를 다니며 자투리 시간을 모아 공부하고, 직장인들은 퇴근 후의 시간을 이용해 자기계발에 힘쓴다.

자기계발을 위해 시간을 내야 한다고 말하면 사람들은 흔히 바쁘다는 핑계를 댄다. 그러나 바쁘다는 말은 역설적으로 여유가 있다는 것을 암시하기도 하다. 정말 바쁜 사람은 바쁘다고 생각할 겨를도 없이 하루하루를 살아가기 때문이다.

하루를 돌이켜 내가 활용할 수 있는 자투리 시간이 얼마나 되는지 생각해 보자. 버스나 전철 안에서 공부를 하는 것도 좋은 방법이다. 연습이 되지 않은 사람은 처음에는 힘들지도 모른다. 그러나 가벼운 잡지나 만화로 연습을 통해 습관을 기르게 되면 버스나 전철은 제3의 독서실이 된다. 자가용을 몰고 다니는 사람은 영어 테이프나 MP3에 회화를 담아 들어 보도록 하자. 아무런 생각 없이 운전을 하는 것보다 훨씬 시간을 효율적으로 사용하는 방법이 된다.

식사를 할 때나 걸어 다닐 때 혹은 화장실에서도 자투리 시간을 어떻게 활용하면 좋을지 고민해보자. 그리고 자리에 앉았을 때는 바로 공부를 시작하도록 하자. 이미 무엇을 할 것인지 충분히 생각했기 때문에 밀도 있는 공부가 가능해진다. 그렇게 시간을 보내고 나면 하루 24시간이 결코 짧지 않다는 것을 느끼게 될 것이다.

혼자서 공부하는 것이 어려운 사람의 경우 학원 수강을 이용하는 것도 좋다. 학원의 진도를 따라 자기계발에 힘쓰다보면 아무 것도 하지 않았던 때보다 많은 것을 얻게 되기 때문이다.

항상 공부해야 한다

일반적으로 사람들은 학생 때 부모님으로부터 열심히 공부하라는 소리를 들으며 자란다. 그리고, 성인이 되어서는 자신의 자녀에게 열심히 공부하라고 귀가 따갑게 말한다. 자녀들 또한 성인이 되면 그들의 자녀에게 공부하라는 주문을 수없이 하게 될 것이다.

도대체 공부가 우리의 삶에 무엇이기에 이러한 과정이 반복되는 것일까? 그것은 대부분의 사람들이 열심히 공부하지 않기 때문이다. 모든 사람들이 다 공부를 열심히 한다면 굳이 그런 말이 필요 없을 것이다. 그렇다면 우리는 왜 열심히 공부하지 않는 것일까? 가장 큰 이유는 대부분의 사람들이 공부를 왜 열심히 해야 하는가에 대한 분명한 목적과 이유를 모르기 때문이다.

　세상의 수많은 학생과 학부형들은 '공부가 무엇인가?'에 대해 어떻게 대답할까? 공부를 왜 해야 하는지 정확히 모르는 자녀에게 공부를 강요하는 부모, 공부를 왜 해야 하는지 모른 체 공부를 하는 학생, 이들에게 공부는 과연 무엇일까? 보통 사람이라면 공부를 시험을 잘 보기 위한 또는 좋은 대학이나 직장을 얻기 위한 방법이라고 말할지 모른다.

　그래서 대다수의 학생들은 대학에 가면, 직장에 취직이 되면 지긋지긋한 공부가 끝났다는 생각에 공부를 그만두는 실수를 범한다. 공부가 무엇인지 정확히 모르고, 공부를 원대한 목표로 보지 못한 결과인 셈이다.

　공부가 무엇인지 모른 체 공부를 한다는 것은 원대한 목표 없이 단순하게 눈앞의 과제를 해결하는 데 급급한 것과 다를 바 없다. 학교 시험이나 진학, 취업을 해결하는 방법이 공부라고 생각할 수도 있다. 공부가 인생을 풍부하게 만들어 주는 것이기에 평생 해야 한다는 생각보다 경쟁에서 살아남기 위해 어쩔 수 없이 해야 하는 것으로 생각하기 쉽다. 그러니 공부가 재미있겠는가?

나 역시 대학에 가기 위해 공부를 해야 한다고 생각했던 적이 있다. 그러나 지금은 평생 공부하지 않으면 살 수 없는 세상이라는 것을 깨닫는다. 밥을 먹어야 살 수 있는 것처럼 공부도 평생 해야 한다고 생각하니 오히려 마음이 편해졌다. 이제라도 모든 사람이 공부를 평생 해야 하는 것으로 인정하면 어떨까? 그때야 비로소 공부가 매일 먹어도 질리지 않는 영혼의 밥이 되지 않을까 생각한다. 그동안 우리가 경쟁 시스템에서 필요한 것들만 공부해 왔다면, 이제는 멀티플레이어가 되어 더 나은 삶을 살아가기 위한 방편으로 평생 공부가 절실히 요구된다.

현대인들은 소득 수준의 향상, 여가 시간의 증가로 개인의 자아실현, 질 높은 삶에 대한 욕구가 점차 높아지고 있다. 이러한 사회적인 갈망은 결국 공부라는 형태로 해결해야 한다. 더욱이 오늘날과 같은 과학 기술의 발전은 사회를 계속 변화시키고 새로운 정보들을 매일 쏟아내 지식의 수명을 단축시키고 있다. 이제 직장 생활에서도 학교 교육으로 습득한 지식이나 기술만으로는 대응할 수 없다. 변화하는 사회에 적극적으로 적응하고 사회 활동을 하기 위해서는 새로운 사회에 맞는 지식을 습득해야 하고 이에 따라 평생 공부가 요구되는 환경이 되어 버린 것이다.

반복만큼 좋은 방법은 없다

서점에는 공부하는 방법에 대한 수많은 책들이 쏟아지고 있다. 그것들은 모두 나름대로 설득력 있는 방법으로 공부하는 방법과 전략을 다루고 있다. 그러나 그렇게 많은 책들이 공부 잘하는 비법을 말하고 있어도 아직도 세상에는 공부 못하는 학생이 존재한다. 공부 잘하는 비결이 담긴 책을 모든 사람이 보고 따라 한다고 해도 1등과 꼴찌는 존재할 것이다. 사실 공부 잘하는 비결에 관한 책들이 공통적으로 이야기 할 수 있는 비결은 한 가지 바로, '반복'이다. 저자는 20여 년간 다양한 연령층을 대상으로 강의를 해왔지만 예습·복습을 통한 반복보다 더 좋은 공부 방법은 없었다.

내가 한 해 20~30명의 학생을 서울대에 보낸다는 명문 고등학교에 근무했을 때 만났던 공부 잘하는 학생들의 특징은 예습·복습을 철저히 한다는 것이었다. 매스컴에서 수석을 차지한 학생들의 인터뷰를 보더라도 그들은 특별히 시간을 내서 공부하지 않고 잠을 충분히 잤다고 말한다. 그러나 그들은 이구동성 예습·복습만은 열심히 했다고 말한다. 나는 그 말이 충분히 설득력 있는 이야기라고 생각한다.

명문고 학교의 학생들은 수업 전에 그날 배울 내용을 미리 예습하고 수업에 임했다. 그런 학생들은 내가 말하는 것을 정확히 인지하고 있었기 때문에 수업에 대한 이해가 빨랐다. 그러니 진도는 자연스레 빨라지게 된다. 또 수업이 끝나면 학생들은 조용히 책상에 앉아 그 시간에 배운 내용을 다시 한 번 읽어 보았다. 남은 시간이나 저녁 자율학습 시간에는 부족한 과목을 집중적으로 공부했고, 시험을 치루기 전에는 예상 문제집을 충분히 풀어 자신이 취약한 내용을 보충했다. 그들이 시험을 잘 보는 것은 당연한 결과였다.

　나 역시 자격증을 따기 위해 공부 할 때 이 방법을 사용해 보았다. 학원 가는 시간에는 일부러 버스를 타고 버스 안에서 그날 배울 내용을 읽어보았고, 수업이 끝난 후에는 바로 집으로 오지 않고 강의실에서 그날 배운 내용을 정리하였다. 시험 보기 1주일 전에 모의고사를 풀어 부족한 부분을 보충하다 보니 합격률이 높아지면서 공부하는 시간도 절약되었다.

멀티플레이어가 되려면
생각을 바꿔라

시간의 소중함을 알고 싶다면 다음과 같이 물으라는 구절이 있다.

일 년의 소중함을 알고 싶으면 입학시험에 떨어진 학생들에게 물어봐라.
한 달의 소중함을 알고 싶으면 미숙아를 낳은 산모에게물어봐라.
한 주의 소중함을 알고 싶으면 주간잡지 편집장에게 물어봐라.
하루의 소중함을 알고 싶으면 아이가 여섯 명이나 딸린 일일 노동자에게 물어봐라.
한 시간의 소중함을 알고 싶으면 약속 장소에서 애인을 기다리는 사람에게 물어봐라.
일 분의 소중함을 알고 싶으면 기차를 놓친 사람에게 물어봐라.

일 초의 소중함을 알고 싶으면 간신히 교통사고를 모면한 사람에게 물어봐라.

천분의 일초의 소중함을 알고 싶으면 올림픽에서 은메달 딴 사람에게 물어봐라.

스펜서 존슨, 《선물》 중에서

신념을 가져야 한다

신념(信念)은 굳게 믿어 의심하지 않는 마음을 뜻한다. 성공에는 반드시 신념이 있어야 한다. 자신의 신념이 반드시 이루고 싶다는 욕망으로 발전해 구체적인 행동으로 표현되기 때문이다. 따라서 멀티플레이어가 되기 위해서는 멀티플레이어가 되려는 자신의 굳센 의지와 신념이 있어야 한다. 신념이 있어야 추구하는 것을 성취하기 위한 확고한 계획들을 세울 수 있기 때문이다.

신념은 스스로에게 멀티플레이어가 될 수 있다는 것을 확신하고 잠재의식 상태의 정신에게 되풀이해 확인하는 과정이다. 신념이 없으면 멀티플레이어가 되기 어렵다. 실제로 멀티플레이어가 되고자 하는 사람들에게는 많은 난관이 있다. 난관은 내부에도 있지만 외부의 적도 만만치 않다.

사람들은 멀티플레이어가 되려는 사람들에게 "한 가지 일만 잘하면 되지 뭐하려고 다른 일에 신경 쓰느냐?", "한 우물을 파는 사람이 성공하고, 열 우물을 파는 사람은 실패한다." 등의 말로 마음을 흔들어 놓는다. 그들은 멀티플레이어가 되고자 하는 사람의 목표나 비전을 모르기 때문에 이렇게 말할 수 있다. 그러나 이 말을 들은 당사자의 마음은 편하지 않다. 더욱이 이런 말을 자주 듣게 되면 자신이 하려는 일을 포기하기 쉽다.

멀티플레이어가 되기 위해서는 자기관리에서부터 시간관리에 이르기까지 많은 희생이 따른다. 그러다 보면 생각지도 못한 문제가 생기고 난관에 봉착하는 경우가 많다. 그럴 때 "에이 그냥 편한대로 살지.", "내 주제에 뭘 하겠어?"등의 부정적인 생각으로 포기하고 마는 게 사람이다.

나 역시 43개의 자격증을 취득하는 동안 주변 사람들에게 수없이 많은 이야기를 들어왔다. "자기 일도 최선을 다하지 못하면서 다른 일에 열중한다", "자격증만 많았지 제대로 아는 게 하나라도 있냐?"하는 비아냥거림, "열 우물 판 사람치고 성공하는 사람 본적 없다.", "무엇 때문에 그렇게 힘들게 세상을 사느냐?"라는 우려의 말도 들어야 했다. 심지어는 "사는 모습이 한심하다", "자격증 광"이라는 말로 손가락질도 받았다. 그러나 나는 세계에서 가장 많은 자격증을 취득한 사람이 되고 싶다는 목표가 뚜렷했다. 그러기 위해서는 많은 것을 포기한 채 공부만 해야 한다는 목표를 정확히 알고 있었고, 열심히 하면 모든 일을 이룰 수 있다는 신념을 가지고 있었기 때문에 주변의 만류나 비아냥거림,

손가락질에도 불구하고 내 길을 갈 수 있었다.

물론 남들이 의미 없이 던지는 한마디에 상당히 깊은 상처를 받기도 했다. 그러나 아픔을 툴툴 털고 목표를 향해 도전할 수 있었던 것은 남들이 내 인생에 대해 왈가왈부 할 수는 있어도 정작 내 인생은 아무도 책임져주지 않는다는 사실 때문이었다.

내 인생을 내가 책임진다는 생각으로 나는 나의 갈 길을 갔고, 결국 나는 43개의 자격증을 취득할 수 있었다. 2000년 SBS TV 〈순간포착 세상에 이런 일이〉라는 프로그램에 자기의 갈 길을 의연히 걸어 간 사람으로 방송에 출연한 적이 있었다. 그전까지 나를 만류하고 걱정해 주었던 많은 사람들이 그 방송을 보고 "대단하다.", "참으로 존경한다.", "당신을 보며 열심히 살아야겠다."라는 말로 바꾸어 말하기도 했다.

신념을 가지고 있을 때 다른 누군가의 유혹이 자신의 비전과 목표를 포기하게 만들려고 해도 우리는 단호히 유혹을 거절할 수 있는 것이다.

변화와 혁신을 준비해야 한다

'10년이면 강산이 변한다'는 속담은 지금처럼 변화의 속도를 따라가기 힘든 디지털 시대에는 진부하게 들릴 수도 있는 말이다. 1년까지 갈 것도 없이 1개월이면 강산이 변하기 때문이다.

스피드의 중요성이 날로 커지는 요즘, 사회 어디에서나 변화와 혁신을 이야기한다. 미래학자들은 21세기의 Key Word는 단연 '변화'라고 말한다. 어떤 이가 '세상에서 변하지 않는 유일한 진실은 변화해야 한다는 사실이다.'라고 주장했듯, 21세기의 세상은 우리에게 더욱 빠르게 변화할 것을 요구하고 있다. 그러나 환경의 변화가 기하급수적으로 일어나고 있는 데 반해 우리의 생각은 산술급수적으로 변하기 때문에 외부 환경의 변화에 제대로 적응하지 못하는 경우가 많다.

문제는 급변하는 사회는 결코 개인에게 변화하라고 말해 주지 않으며, 변화를 기다려주지도 않는다는 사실이다. 변화의 속도와 그 복잡성 때문에, 환경의 변화를 즉시 감지해 이에 적응할 수 있는 개인만이 살아남는 세상이 되고 있다. 주변을 둘러보면 어제 성공한 사람이 오늘도 성공하는 것이 아니라는 것을 확인할 수 있다. 과거에 성공했던 수많은 사람들이 기억에서 사라지는 경우가 많고, 잘 나가던 기업들이 오늘날 망하거나 바닥으로 곤두박질치는 것을 쉽게 볼 수 있다.

최근 미국에서 발표한 자료에 따르면 15초마다 새로운 과학 논문이 발표되고, 15분마다 새로운 상품이 등장해 기술의 혁신이 이루어진다고 한다. 그만큼 사회가 급변하고 있다는 것을 의미한다. 사회의 변화는 개인의 변화를 요구하고 있으며 멈춰 있으면 현상 유지가 아니라 퇴보하는 시대가 온 것이다.

결국 우리는 '지금은 최고일지라도 준비하지 않으면 내일이라도 당장 망할 수 있다'는 위기의식으로 긴장을 늦춰서는 안 된다. 항상 맞닥뜨릴 수 있는 위기 상황과 문제를 확실하게 인식해야 하며, 그 위기감이 항상 지속되도록 해야 한다. 위기의식을 갖지 못한 사람은 시대 변화의 기류를 제대로 타지 못해 변화하기 어렵지만, 위기의식을 가진 사람은 다가올 위기를 대비해 혁신한다. 변화(變化)는 시대 변화에 대응하는 것이지만, 혁신(革新)은 제도나 방법, 조직이나 풍습 따위를 고치거나 버리고 새롭게 하는 것이다.

따라서 미래사회에서 성공하는 멀티플레이어가 되려면 항상 위기의식을 가지고 지금 발생하거나 다가올 미래의 문제를 철저히 분석해 새로운 분야를 개척해 나가야 한다.

이제 변화는 선택이 아니라 필수가 되었다. 그러나 혁신

은 선택이다. 미래에 대한 정확한 진단과 함께 내가 가지고
있는 쓸모없는 것을 버리고 새로운 것을 받아들이는 자세,
이것이 바로 멀티플레이어가 되기 위한 자세이다.

빨라야 한다

　미래학자 엘빈 토플러는 '지구촌은 이제 강자와 약자 대
신 빠른 자와 느린 자로 구분될 것'이라고 말했고, 포드사
의 도널드 패터슨 회장은 '성공하는 기업과 낙오하는 기업
을 구분하는 가장 중요한 척도는 시간에 대한 패러다임'이
라고 말했다. 20세기 기업의 패러다임이 '좋은 물건을 싸
게'였다면, 21세기는 '새로운 것을 빨리'이다.

　지금은 누구도 거부할 수 없는 Speed 시대이다. 차와 사
람, 컴퓨터, 기업 등 무엇이든 빨리 움직이고 빨리 받아들이
고 더 빨리 움직여야만 대접받는 시대가 되었다. 한국의 전
통적인 느림과 여유의 미덕이 사라지고 빠름과 재촉이 지배
하는 시대 속에서 변화는 끊임없이 이루어지고 있다.

　이제는 음식 분야에도 패스트 푸드(fast food)가 등장해 우
리 식탁을 차지하고 있다. 패스트 푸드(fast food)는 생산량
과 속도를 중요시 여기는 현대 사회의 상징이 되었고, 삶의

구조에 맞춰 시간을 아껴야 한다는 메시지가 담겨 있다.

한때 편지가 통신수단으로 사랑받던 시절이 있었다. 심사숙고해서 고른 편지지에 한 문장 한 문장 아름다운 말과 감동적인 글로 정성껏 편지를 써서 마음에 안 들면 찢어버리고 다시 쓰던 시절이 있었다. 그러다 전화기가 일반화 되면서 편지는 조금씩 술어늘게 되었다.

이제는 인터넷의 급속한 발달로 이메일이 편지의 자리를 대신하고 있다. 이메일이 등장했을 때 사람들은 그것을 하지 않으면 세상의 변화에 역행하는 사람처럼 보일까 두려워 서툰 솜씨로 메일을 보내기 시작했다. 그리고 이제는 평범한 이메일이 아닌 프로그램 안에 편지지와 음악, 심지어 동영상까지 보낼 수 있는 환경으로 발전했다. 그러나 이메일이 주는 신속함과 편리함에 도취되어 있는 사이 핸드폰이 사람들의 필수품이 되면서 이제는 문자 메시지가 소식을 전하는 대명사가 되었다.

신세대들은 곧장 핸드폰의 문자 메시지에 익숙해졌고, 굳이 메일을 사용할 필요가 없었다. 이메일 이용자의 증가 속도보다 핸드폰 문자 메시지의 사용자가 폭발적으로 늘어나게 된 것이다. 젊은 세대들은 문자 메시지를 통해 자신의 의사를 전달한다. 사랑을 나누고, 지식을 나눈다. 처음에는 문자 메시지만 가능했던 것이 이제는 애니메이션뿐만 아니라 배경 음악까지 선택할 수 있는 기능을 갖추었다. 이제 머지 않아 핸드폰으로 동영상 전화도 가능하게 될 것이다. 그때는 또 얼마나 많은 문화들이 빠르게 변화할까?

오늘 내가 필요하다고 생각하면 내일 바로 상품이 되는 세상이 왔다. 어느 때는 내가 필요하다고 생각했는데 이미 그것이 상품으로 나와 있는 경우도 있다. 이처럼 세상은 생각할 기회마저 주지 않고 빠르게 변하고 있는 것이다.

이제는 정말이지 머뭇거릴 시간이 없다. 이것은 무슨 일이든 생각을 바로 실행해 옮겨야 하는 때가 왔음을 의미한다. 멀티플레이어는 여러 가지 분야의 지식을 갖추고 있거나 다양한 업무를 할 줄 아는 사람이다. 따라서 남들보다 빨라야 시장에서 블루오션의 기회를 누릴 수 있다. 남들보다 생각과 행동이 늦을 경우 아무리 오랜 기간 준비해 멀티플레이어가 되었다고 해도 우리는 처절한 경쟁 시장인 레드오션에 빠질 수밖에 없다.

불가능은 없다

남들이 하지 않은 일을 선택한 멀티플레이어일수록 그의 가치는 높다. 그래서 멀티플레이어가 된다는 것이 어려운 일이라고 생각해 도전 자체를 포기하는 사람도 있다. 사람들은 이미 누군가 이루어 놓은 일이나 자신이 경험해 본 일은 가능한 일이라고 생각하지만, 그렇지 않을 때는 불가능한 일이라고 치부하고 시도하지 않는 경우가 많다.

세상에 불가능한 일이 있다는 생각 자체만으로도 인생은 절망적이다. 인생에서 도전이라는 단어가 사라질 것이기 때문이다. 그러나 인류의 역사는 불가능을 믿지 않는 사람들에 의해 불가능이 가능으로 변화되었고, 이로써 사회는 발전해 왔다. 지금 우리가 살고 있는 사회는 불가능을 인정하지 않았던 사람들이 새로운 도전으로 불가능의 강을 건너고 산을 올라 창조한 것이다. 지금 이 시간에도 세계 곳곳에서는 도전하는 사람들로 인해 우리가 생각하는 가능과 불가능의 판단 기준이 상향 조정되고 있다.

요즘 화제가 되고 있는 불가능에 대한 아디다스의 광고 문구를 보면 다음과 같은 글이 있다.

불가능, 그것은 아무것도 아니다.
불가능, 그것은 나약한 사람들의 핑계에 불과하다.
불가능, 그것은 사실이 아니라 하나의 의견일 뿐이다.
불가능, 그것은 영원한 것이 아니라 일시적인 것이다.
불가능, 그것은 도전할 수 있는 가능성을 의미한다.
불가능, 그것은 아무것도 아니다.

결국 불가능이란 나약한 사람들이 자신들의 포기를 정당

화하려는 의도가 만들어 낸 단어인 것이다. 더욱이 불가능하다는 것은 다수의 의견이 아닌 하나의 의견이며, 만약 불가능한 것이 있어도 그것은 일시적인 것이지 영원한 것은 아니라는 것이다. 오히려 불가능이 있기 때문에 도전할 수 있는 가능성이 열린다.

이미 남들이 할 수 있었던 일을 하는 사람을 멀티플레이어라고 하지 않는다. 멀티플레이어는 남들이 불가능이라고 하는 것을 '가능'으로 바꿀 수 있는 능력이 있어야 한다. 남들이 하지 못하는 일에서 멀티플레이어의 능력이 발휘될 때 그의 희소가치는 높아진다.

정열을 가져야 한다

정열(情熱)은 불같이 세차게 일어나는 감정을 의미한다. 철학자 헤겔은 "위대한 것 치고 정열 없이 이루어진 것은 아무것도 없다."고 말한 바 있다. 정열이 인간의 의지와 결단력을 길러주어 자신의 목표를 달성하는 데 중요한 역할을 한다고 강조한 것이다.

멀티플레이어가 되기 위해서는 정열을 가지고 시작해야

만 힘차게 자신의 목표를 달성하기 위해 앞으로 전진할 수 있다. 정열이 없이는 멀티플레이어가 될 수 없다. 정열 없이 역사의 발전과 개인의 성공이 성취된 예도 없다. 정열이 없으면 처음에 관심을 가지고 시작했다 해도 쉽게 싫증을 느끼거나 도전하는 일에 재미를 잃어 쉽게 포기하게 된다.

얼마나 성얼을 가시고 자기의 일에 몰두하느냐, 얼마나 열정을 가지고 노력하느냐에 따라 성공과 실패, 승리와 좌절이 결정된다. 이러한 의미에서 정열은 멀티플레이어 능력을 만들기 위해 필요한 중요한 자질이다. 하나의 명품을 만들기 위해 침식을 잊고, 작업에 전념하는 장인들은 신들린 사람처럼 열정적으로 작업에 임한다. 그의 마음 속에는 오직 명품을 완성하고자 하는 열정만이 있을 뿐이다. 열정으로 잠시의 고통도 잊고, 많은 것을 포기해야 하는 어려움도 인내할 수 있는 것이다.

정열을 가지고 멀티플레이어가 되기를 원하는 사람과 아무 정열도 없이 멀티플레이어가 되기를 원하는 사람을 비교해보면 전자는 다른 이들의 마음에 큰 감동을 불러일으키고 깊은 인상을 남기지만, 후자는 모래 위에 집을 짓는 사람처럼 공허하고 철없는 행동으로 보이기 쉽다.

멀티플레이어가 되기를 원하는 사람들은 정열을 가져야 한다. 새로운 지식에 대해, 기술에 대해, 트렌드에 대해, 진리에 대해, 또 변화에 대해, 정열은 성공의 강장제이며, 목표에 이르게 하는 활력소이다. 정열이 있을 때 우리는 최선을 다할 수 있다.

긍정적이어야 한다

사람은 크게 긍정적인 사람과 부정적인 사람 두 가지로 나눌 수 있다. 긍정(肯定)이란 어떤 사실이나 생각 따위를 그렇다고 인정하는 것을 말하며, 부정(否定)은 인정하지 않는 것을 말한다. 긍정과 부정은 사실을 인정하거나 부정하는 것으로 굉장히 간단한 선택이라고 할 수 있다. 그러나 이렇게 간단한 선택에서 많은 사람들이 부정을 선택하는 경우가 많다.

부정적인 사고를 갖게 되면 "난 왜 이 모양이지?", "난 하는 일마다 되는 일이 없어.", "난 자신이 없어.", "난 용기가 없어.", "난 할 수 없어."라는 생각을 갖게 되고, 결국 모든 일에 소극적이 되어 도전은 물론 잘 되는 일조차 없게 된다. 부정적인 사고를 갖게 되면 표정은 웃음이 없는 어두운 얼굴로 변화되고, 상대방의 단점을 찾기 위해서만 반짝이는 눈을 갖게 된다.

반면 긍정적인 사고를 하게 되면 "난 할 수 있어.", "난 멋 있어.", "난 대단해.", "난 용기가 있어."라는 생각으로 모든 것에 가능성을 열어둔다. 진보이거나 보수이기 전에 휴머니스트라고 할 수 있다. 긍정적인 사고를 하는 사람들의 표정은 다르다. 항상 웃으려고 노력하며 세상의 모든 일에 관심을 보이는 반짝이는 눈을 갖고 있다. 그래서 긍정적인 사람을 만나면 덩달아 힘이 나서 몸과 마음이 즐겁고, 부정적인 사람을 만나면 힘을 뺏길 뿐만 아니라 몸과 마음이 지치게 된다.

멀티플레이어가 되기를 원하는 사람들은 긍정적인 사고를 해야 한다. 새로운 분야를 개척한다는 것은 어렵지만 모든 것은 생각하기 나름이다. 부정적인 사고를 가지고 출발하면 출발하지 않은 것만 못하다. 하는 일마다 자신이 없고 의심이 많아 제대로 이루는 일이 없을 것이다. 그러나 긍정적인 사고로 어려운 난관을 멋진 멀티플레이어가 되기 위해 거쳐야 할 가벼운 시련으로 생각하고, 아무리 어려운 일도 극복할 수 있는 능력이 있다고 생각해보자. 그러면 모든 일들이 잘 풀리게 될 것이다.

멀티플레이어는 리더가 많다. 리더가 더욱 긍정적이어야 하는 이유는 리더는 많은 사람들을 이끌어야 하는 사람이기 때문이다. 리더란 리더를 따르는 사람들에게 힘을 주고, 몸과 마음이 즐겁도록 해주어야 한다. 따라서 리더는 긍정적인 사고를 해야만 한다.

호기심이 많아야 한다

호기심(好奇心)은 새롭거나 신기한 것에 끌리는 마음을 말한다. 그래서 호기심이 많으면 여러 가지를 알고 싶어 하고, 경험하기를 원한다.

일단 호기심의 출발은 생존에 필요한 가장 기초적인 정보를 아는 것에서부터 시작한다. 그러나 호기심이 많은 사람일수록 기초적인 정보 이외의 것들에 정보를 많이 갖게 되어 생존이 유리해지기 때문에 '모든 종류의 정보'를 얻는 행위를 강화시키려는 노력을 하게 된다. 즉, 호기심이 많은 사람일수록 모르는 것에 대한 지적 호기심이 높고, 그것을 풀기 전까지 답답함, 초조함 등의 불안정한 상태에 놓이게 되며 새로운 사실을 알게 되었을 때 성취감과 기쁨을 강하게 느낀다. 사회적으로도 정보를 많이 가진 인간이 보다 많은 권력 내지는 존경을 받을 수 있기 때문에 정보를 갈망한다고 볼 수 있다.

호기심이 없다는 것은 세상의 변화나 지식에 대해 관심이 없다는 것을 말한다. 따라서 멀티플레이어는 호기심이 많을 때 모든 종류의 정보에 관심을 가지고 정보를 습득하기 위해 노력한다는 것을 의미한다. 호기심이 많을수록 새로운 변화를 갖기 위해 노력할 뿐만 아니라 성공에 대한 강한 집념을 가질 수 있기에 멀티플레이어가 되고자 하는 사람에게는 반드시 필요한 사고이다.

호기심에도 여러 가지가 있지만 멀티플레이어에게 필요한 호기심은 바로 지적 호기심이다. 지적 호기심 때문에 멀티플레이어는 새로운 세계나 분야를 접촉하고 알고자 하는 욕구를 갖게 되고, 이러한 욕구가 자신의 발전에 영향을 미치기 때문이다.

결과를 끌어낼 줄 알아야 한다

사람이 제 아무리 뛰어난 능력을 가지고 있다 해도 발휘하지 않으면 아무도 그 능력을 알아주지 않는다. 그 사람의 진면목은 그 능력이 외부로 발휘될 때 빛난다. 따라서 멀티플레이어는 능력을 가지고만 있어서는 그동안 들인 시간과 노력이 아까울 뿐이다. 멀티플레이어는 자신의 재능을 가지고 좋은 결과를 낼 줄 알아야 한다. 그래야만 주변 사람들이 그것을 인정해주고 필요로 하기 때문이다.

능력은 갖고 있는 것만으로는 의미가 없다. 갖고 있는 능력을 발휘해 성과를 올리지 못하면 능력이 없는 것과 마찬가지이다. 누군가에게 인정받는다는 것은 능력을 얼마나 가지고 있느냐가 아니라 얼마나 발휘하느냐에 달려 있는 것이다.

100의 능력을 갖고 있는 A가 20의 결과밖에 내지 못하고, 50의 능력밖에 없는 B가 열심히 노력해서 40의 결과를 냈다고 하자. 당신은 어느 쪽에 더 많은 점수를 주겠는가? 두 사람의 점수를 매긴다면 회사에 두 배의 이익을 가져온 B에게 후한 점수를 주는 것이 당연하다. 자신의 가치를 인정받기 위해 필요한 본질적인 요소는 연령, 연봉, 보유하고 있는 능력이 아니다. '내가 이 일을 해내 이러한 결과를 얻었다'라고 당당하게 말할 수 있는 '발휘하는 능력'인 것이다.

강해야 한다

스페셜 멀티플레이어로서 가치를 높일 때 빼놓을 수 없는 것이 바로 강인함이다. 리더형 인재가 되기 위해서는 기능적 전문적인 능력(Skill), 즉 업무능력 S와 함께 'Strength(강인함)', 'Sensitivity(감수성)', 'Smile(미소)', 'Sacrifice(희생)'의 네 가지 S가 필요하다.

그 중 첫 번째 Strength, 즉 강인함은 정신적인 강인함과 육체적인 강인함을 말한다. 정신적인 강인함이란, 역경에 동요하지 않는 굳은 마음을 의미한다. 실제로, 미국의 대표적인 100대 기업의 사원을 대상으로 조사한 결과, 가장 바람직한 상사는 '역경이나 곤경에 동요하지 않는 상사'라는 결과가 조사됐다. 결국 멀티플레이어는 강인한 정신을 가지고 있을 때 멀티플레이어로서 성공할 수 있다는 것을 의미한다.

멀티플레이어는 능력이 뛰어난 사람이다. 한국 사회의 특징 중 하나로 나와 같지 않고 튀는 사람은 죽어야 하는 경우가 있다. 그래서 우리나라 속담에 "모난 돌이 정 맞는다."는 말이 있다. 평범하지 못한 사람(모난 돌)이란 남들보다 특이하거나 뭔가 특출한 사람이다. 이 말은 결국 평범하지 못한 사람(모난돌)에게 압력(정으로 때리는 행위)을 가해 그 사람이 다른 사람과 조화로울 수 있도록 이끄는 강하고 적극적인 방법을 비유한 것이다.

그런데 여기서 말하는 강하고 적극적인 방법이라는 것은 남과 다름에서 오는 비아냥거림이나 실수에 대한 험담이 주를 이루어 멀티플레이어를 지향하는 사람에게는 독약과도 같아 절망에 이르게 한다. 따라서 이러한 시련을 견디기 위해서는 타인의 말에 신경을 쓰지 않도록 하고 멀티플레이어로서 자신의 장점을 버려서는 안 된다.

그러나 멀티플레이어는 타인의 관심 속에 항상 존재하기 때문에 겸손해야만 질타를 막을 수 있다. 리더가 되기 위한 조건 4S 중에서 가장 중요하면서도 어려운 것이 '자기희생'이다. '신분이나 위치가 높은 사람에게 따르는 의무'라는 뜻의 '노블레스 오블리제(Noblesse Oblige)'는 멀티플레이어가 남들에게 질타를 받지 않고 성공하기 위한 하나의 조건이기도 하다.

비즈니스의 세계에서는 자신이 땀을 흘리고 부하에게 공을 돌리는 방법으로 이러한 멀티플레이어가 장기적으로 성공할 수 있다. 비록 시간이 걸리는 일이지만 언젠가는 그 희생의 가치가 드러나기 때문이다. 멀티플레이어가 할 수 있는 성공을 위한 자기희생의 예는 많다. 수고스러운 일을 선뜻 도맡아 하거나 뒤에서 부하의 자기계발을 자신의 일처럼 돕는 등 현실적인 방법으로 돕는 것이다.

멀티플레이어에게는 성공이 남들보다 가까이 있지만 시련도 가까이 있다. 시련이 두려워 멀티플레이어가 되기를 포기한다면 발전은 없을 것이다. 강인한 정신으로 한두 번쯤 정 맞을 각오로 모난 돌이 되어야 한다.

성공하려면

멀티플레이어가 되라

'1 %의 가능성, 그것이 나의 길이다' 라는 명언을 남긴 보나팔트 나폴레옹은 프랑스의 위대한 영웅으로 존경받는 인물이다. 사실 그는 별 볼일 없는 가문에서 태어났고 자그마한 체구에 보잘 것 없는 학력의 소유자였다. 그러나 나폴레옹은 전쟁터에서도 책을 읽었다는 일화를 남겼을 정도로 대단한 독서광이었다. 그가 52세의 나이로 사망했을 때까지 그가 평생 읽은 책은 8,000여 권으로 매년 약 153권의 책을 읽은 셈이다.

나폴레옹은 책을 읽기 위해 전쟁터까지 책을 날랐다. 점령지에 있는 동안에도 본국에서 발행하는 신간을 끊임없이 가져오도록 했다. 그가 추방되어 최후의 6년을 보낸 세인트 헬레나 섬에서도 그는 많은 책을 읽었으며, 그의 서고에는 3,000권 이상의 책이 소장되어 있었다.

한때 나폴레옹은 알프스 산맥 너머에 있는 이탈리아와 그리스를 정벌하려고 그의 대군을 이끌고 나섰다. 그러나 알프스 산맥에 이르자 병사들은 알프스 산맥의 장엄한 위용에 압도된 채 멍하니 높고 높은 봉우리만 바라보고 있었다. 병사들은 하나같이 '이 높은 산봉우리를 어떻게 넘을 수 있단 말인가?' 라고 생각하며 불안과 공포에 휩싸였다. 이를 간파한 부관은 "황제여! 병사들은 알프스의 험산준봉에 압도되어 산을 넘고자 하는 의욕을 상실한 채 망연자실해 있습니다. 알프스를 넘어 진격하는 것을 다시 한 번 고려해 주십시오! 우리의 대군이 이 산을 넘는다는 것은 불가능한 일입니다."하고 나폴레옹에게 건의했다. 그러자 나폴레옹은 알프스 산을 향해 다시 한 번 눈을 부릅뜨고 바라보며 이렇게 외쳤다. "내 사전에 불가능이라는 단어는 없다. 제군들이여! 진격하라!"고 말했다.

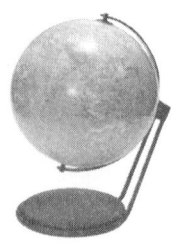

트렌드를 정확히 읽어야 한다

트렌드는 원래 경영학에서 사용하던 용어로 소비자들의 소비 추이를 말한다. 그러나 오늘날 사회의 전 분야와 미래를 예측하는 데 트렌드에 대한 분석을 먼저 한다. 여기서 사용하는 트렌드의 정의를 내려 보면 자신과 사회 발전의 상호관계를 살피면서 현재 존재하는 것에 대한 의미를 부여하는 것이라 할 수 있다. 따라서 트렌드는 자신과 미래에 대해 어느 한 쪽으로 치우치지 않고 객관적으로 읽어 내는 것이 지식 사회에서 성공의 중요한 가치가 될 것이다.

트렌드를 읽는다는 것은 "나의 능력이나 상황을 정확히 인식한 상태에서 미래사회의 변화가 어떻게 진행될지를 알고 이에 대한 대책을 만들어야 하는 것을 의미한다." 그러나 정확히 트렌드를 읽을 수 있다고 해서 모두가 성공하는 것은 아니다. 평범한 사람들은 다가올 트렌드를 이미 알고 있어도 미래에 대처하지 않기 때문이다. 이는 개인적인 성격 차이에도 기인하지만 그들이 안정적인 현실에 더욱 애착을 가지고 있기 때문에 애써 힘든 도전을 하지 않기 때문이다.

그러나 멀티플레이어는 다양한 지식을 습득하기 위해 항상 노력해 도전을 습관으로 만들어 낸 사람들이다. 멀티플레이어가 미래 사회에 대처하는 것은 당연한 일이기 때문에 그들은 두려워하지 않고 도전한다. 다만 트렌드를 정확히 읽느냐 읽지 못하느냐에 따라 멀티플레이어로서 성공하느냐 못하느냐의 차이가 생긴다. 실제로 성공한 사람들을 보면 자신에 대해서 정확히 인식할 뿐만 아니라 트렌드에 대해서도 정확히 분석하고 그에 대처하기 위해 항상 도전하는 멀티플레이어들이 많다. 그러한 인물의 하나로 고승덕 변호사가 트렌드를 정확히 읽는 멀티플레이어의 대표주자라 할 수 있다.

고승덕 변호사가 어떤 사람인지 의아한 독자들도 있을 것이다. 그도 그럴 것이 그는 어떤 때는 변호사로, 어떤 때는 주식 전문가로 대중과 만나기 때문이다. 그러나 그가 두뇌가 뛰어난 멀티플레이어임에는 자타가 공인한다.

그는 어려운 시험에서도 항상 승리하는 멀티플레이어였다. 서울법대 재학 중에 사법시험에 최연소로 합격했고, 외무고등고시에서는 차석으로, 행정 고등고시에서는 수석으로 합격해 고시 3관왕이 되었다.

그는 시대를 정확히 읽어 무엇이 시대를 주도할 것인가 하는 트렌드를 정확히 분석해 내는 사람이었다. 그래서 사회의 주류를 이루는 트렌드를 예측해 그 분야의 전문가가 될 수 있었던 것이다. 그는 법조인으로 만족하지 않고 증권이 사회의 주류로 등장할 것을 예측해 증권을 깊이 공부해 증권업계에서도 고수로 통한다.

증권이야 말로 트렌드를 정확히 알아야 수익을 낼 수 있는 분야로 그가 트렌드를 읽어내는 능력을 여실히 드러낸 부분이다. 증권업계에서 고승덕 변호사는 '파동이론'으로 대표되는 증시 재야 고수이며, 개미들 닷컴 사이트의 운영자로 투자전략을 제시하는 주식 분석가이다. 또 《고변호사의 주식강의》등 증권관련 서적 베스트셀러 작가, 케이블 증권 전문방송 인기 강사, 주식 · 재테크 관련 전문 기고가로 활동하고 있다. 일반 운용 전문인력 시험 펀드매니저 과정에 합격했으며, 현재 '고승덕 펀드'를 만들기 위한 걸음을 재촉하고 있다.

고변호사는 자신의 성공 요인을 "포기하지 않으면 불가능이란 없다."는 말로 대변하고 있다. 포기하는 순간 이미 불가능은 확정되어 절대로 뜻을 이룰 수 없다는 것이다. 그리고 그는 "절대로 자신을 남들보다 뛰어나다고 가정하지 말아야 한다." 충고 한다. 이 말은 다른 이들과 나의 능력이 동일하다고 생각해야만 노력을 더해 그들을 앞서갈 수 있는 확률을 높일 수 있다는 것이다.

고승덕 변호사가 오늘날 멀티플레이어로 성공하게 된 데

에는 열심히 노력했다는 것 외에는 달리 설명할 방법이 없다. 그래서인지 그는 "정말 한 달만 죽어라고 열심히 살아봐라. 그러면 인생이 달라진다."라고 말한다. 고승덕 변호사는 무엇이든 마음만 먹으면 목표를 달성하는 진정한 멀티플레이어의 근성을 가지고 있다. 그러나 그는 현재의 성공에 머무르지 않고 세상의 트렌드를 정확히 인식해 그에 대해 철저히 준비함으로써 지속적인 성장을 이루어 내고 있다.

성공한 멀티플레이어를 따라하라

개인이 자기계발을 통해 멀티플레이어로 성공하고 원하는 일을 하기까지는 많은 준비와 노력이 필요하다. 그러나 좀 더 쉽게 성공에 도달하기 위해 무엇보다 먼저 챙겨야 하는 것은 성공한 멀티플레이어 멘토를 찾는 일이다.

멘토라는 말의 기원은 그리스 신화에서 비롯된다. 고대 그리스의 이타이카 왕국의 왕인 오디세우스가 트로이 전쟁을 떠나며, 친구에게 자신의 아들 텔레마코스를 보살펴 달라고 부탁하는데, 그 친구의 이름이 바로 멘토였다. 그는 오디세우스가 전쟁에서 돌아오기까지 텔레마코스의 친구, 선생님, 상담자, 때로는 아버지가 되어 그를 돌봐 주었다. 그

후 멘토라는 그의 이름은 지혜와 신뢰로 한 사람의 인생을 이끌어 주는 지도자라는 의미로 사용되었다. 따라서 멘토는 상대보다 경험과 경륜이 많은 사람으로서 상대방의 잠재력을 볼 줄 알아 그가 자신의 분야에서 꿈과 비전을 이루도록 도움을 주고, 때로는 함께 도전해 줄 수 있는 사람, 예를 들어 교사, 인생의 안내사, 본을 보이는 사람, 후원자, 장려자, 비밀까지 털어놓을 수 있는 사람, 스승 등을 의미한다.

멀티플레이어가 되고자 하는 사람의 멘토로 적합한 사람은 멀티플레이어 직장 상사가 될 수도 있고, 멀티플레이어 친구도 가능하지만, 가장 확실하게 성공하는 비결은 성공한 멀티플레이어를 찾는 것이다.

성공한 멀티플레이어를 마음의 멘토로 두고, 그의 삶의 방식에서 멀티플레이어가 되기 위해 노력한 과정을 그대로 따라하며 멀티플레이어로 성공하는 것이다. 성공한 멀티플레이어를 마음의 멘토로 두기만 해도 성공한 멀티플레이어의 삶과 나의 삶을 비교하면서 내가 미처 발견하지 못한 나의 장점과 단점을 발견할 수 있다. 그러나 내가 자주 만날 수 있는 성공한 멀티플레이어를 멘토로 두게 되면 멘토가 나의 성공 잠재력을 발견해 나에 맞는 멀티플레이어의 방향을 제시해 줄 수 있다. 즉 전략적으로 멀티플레이어가 될 수 있는 자기계발 방법을 알게 되는 것이다.

멘토는 자신의 실패 경험을 바탕으로 실패를 줄이는 방법과 단점을 숨기는 요령도 가르쳐준다. 오랜 자기계발에도 불구하고 멀티플레이어로 성공하지 못할 때는 왜 실패했는가를 조목조목 분석해준다. 그리고 나의 멀티플레이어 능력이 통하는 시장을 찾는 데도 도움을 받을 수 있다.

누구든 멀티플레이어가 될 수는 있지만 원하는 목표를 이룬다는 보장은 없다. 그러나 성공한 멀티플레이어를 멘토로 둔다면 내가 원하는 멀티플레이어로 성공하는 기회가 좀 더 쉽게 다가올 것이다. 따라서 멀티플레이어로 성공하기를 원하는 사람은 성공한 멀티플레이어를 멘토로 내 인생의 모델로 삼아보자.

성취 욕구가 높아야 한다

성취욕(成就慾)은 목적한 바를 이루고자 하는 욕구를 말한다. 성취욕이 강한 사람은 생산적이고 성공하고자 하며 실패하지 않으려는 욕구에 따라 행동한다. 능력이 비슷할 때 해내겠다는 의지가 있느냐 없느냐에 따라 결과가 달라진다. 이러한 의지를 불러일으키는 것을 심리학에서는 '성취 욕구' 또는 '동기'라고 한다.

행동 심리학의 권위자인 미국의 데이비드 매클렐런드 (1917~1998)는 성취 욕구의 강약이 업무나 학습에 큰 영향을 준다고 생각했다. 심리학자들은 성취욕구를 어려운 일을 성취하려는 마음, 물질·인간·사상을 지배하고 조종하고 관리하려는 것, 그러한 일을 신속히 그리고 독자적으로 해내려는 것, 스스로의 능력을 성공적으로 발휘함으로써 자긍심을 높이려는 것 등에 관한 욕구라고 규정하고 있다. 성취 욕구가 강한 사람은 성공에도 강한 욕구를 가지고 있다. 따라서 무엇인가 성취하려는 욕구가 강하면 목표 달성에 성공할 가능성도 크다. 또 그들은 책임을 적극적으로 수용하며, 행동에 대한 즉각적인 피드백을 선호한다.

인간의 욕망에 대해 학계 최초로 학문적인 연구를 시도한 심리학자 애브라함 매슬로우는 인간은 끊임없이 어떤 목표에 도달하려고 하는 동기를 부여받는다고 했다. 그에 따르면 인간은 아주 잠깐의 시간만 완전한 만족한 상태에 이른다고 한다. 어떤 욕구가 충족되면 다른 욕구가 생기고, 또 그 욕구가 충족되면 그 다음의 욕구가 생겨나기 때문이다. 욕구에는 단계가 있어서 맨 아래 단계의 욕구가 가장 강하고, 그 욕구가 어느 정도 충족되지 않으면 다음 단계의 욕구는 행동을 일으키는 원인이 되기 어렵다. 인간의 욕구는 중요한 순서대로 배열되는데, 욕구 단계는 가장 기본적인 것에서부터 복잡한 것으로 되어 있다. 다음 단계의 욕구를 충족시키기 전에 그 전 단계의 욕구를 충족시켜야 한다.

매슬로우는 이러한 욕구를 다섯 단계로 분류했는데, 첫 번째 단계가 먹고, 자고, 입는 생리 욕구이다. 둘째 단계는 신체적인 위협이나 불확실성에서 벗어나고자 하는 안전 욕구, 세 번째 단계는 다른 사람들과 관계를 맺고 소속감과 애정을 나누고 싶어 하는 소속 욕구, 네 번째 단계는 자신의 잠재적인 능력을 최대한 발휘하고 창조적으로 자기의 가능성을 실현하고자 하는 자아실현 욕구를 가지고 있다는 것이다.

내가 처음부터 멀티플레이어가 되고자 했던 것은 아니다. 30살이 되던 해 우연히 학교 전산실에 들렀다가 286 AT 컴퓨터를 이용해 성적처리를 하는 것을 보면서 멀티플레이어의 꿈이 시작되었다. 자판으로 글씨를 치면 화면에 글자가 그대로 찍히는 모습이 너무 신기했다. 그 순간 컴퓨터를 배워야겠다는 생각이 들었고, 그날부터 학교가 끝나자마자 컴퓨터 학원에 등록해 컴퓨터를 배우기 시작했다. 학교에서도 컴퓨터를 많이 아는 학생들을 귀찮게 쫓아 다니며 배웠다.

그 후 3개월 만에 정보처리기능사 2급을 따냈다. 그때 느낀 성취감은 내 인생에 변화를 가져왔다. 그 후 자격증을 취득하기 위해 계획을 세우고, 해당 분야의 전문 지식을 공부하면서 나는 멀티플레이어의 능력을 갖게 된 것이다.

컴퓨터 전문가가 되기 위해 정보처리 기능사를 비롯한 컴퓨터 그래픽 기능사, 컴퓨터 활용능력, 워드프로세서 등 컴퓨터 자격증 12가지를 취득하는 데 3년의 시간이 걸렸다. 요리 전문가가 되기 위해 한식조리기능사, 일식조리기능사, 양식조리기능사, 중식조리기능사 등 요리 자격증 4개를 취득하는 데 2년의 시간이 걸렸다. 자동차 분야의 전문가가 되기 위해 자동차 정비 산업기사, 자동차 검사 기능사, 자동차 엔진정비 기능사, 버스 운전면허 등 자동차 관련 자격증 8개를 따는 데 3년의 시간이 걸렸다. 그 외에 판매사와 같은 서비스나 교사 자격증을 비롯한 교육 분야, 청소년 지도사와 같은 자격증까지 총 43개의 자격증을 취득했다. 그렇게 12년의 세월이 지났다.

나는 자격증을 최대한 빨리 취득하기 위해 나름대로 철저히 준비했다. 먼저 관련 분야의 정보를 수집해 도전이 가능한 것인지, 시간은 얼마나 걸리는지, 앞으로의 전망은 어떤지, 내가 되고자 하는 멀티플레이어에 도움이 되는지를 종합적으로 분석해 자격증을 선택하고 도전해 나갔다. 일단 도전이 결정되면 기출 문제를 통해 나의 실력을 측정해 독학으로 할 것인지, 학원에 갈 것인지를 결정했다. 그렇게 자격증을 취득하기 위해 근 10년 매일 학원을 다녔고, 책과 씨름하며 시험을 보고 자격증을 따고, 또 공부를 하고 시험을 보았다.

어느 해는 일년에 12번의 시험을 본적이 있다. 오랜 기간

학습에 대한 도전으로 시간을 보냈기에 나는 놀고 싶었고, 쉬고 싶었다. 한 가정의 가장으로서의 역할도 목표를 위해 포기해야 했다. 그러나 이러한 어려움을 극복하게 해준 것은 바로 자격증을 취득하는 순간 느낀 자아실현에 대한 만족감과 성취감이었다. 때로 불합격의 고통에 몸부림치며 괴로워하기도 했지만, 나는 다시 일어나 새로운 자아실현을 위해 마음을 가다듬고 다시 도전했다.

나는 취득할 수 있는 웬만한 자격증을 취득한 후 넓게 공부하는 대신 깊이 있는 공부를 하리라 결심했다. 그래서 30대 후반의 늦은 나이로 대학원에 진학해 석사학위를 취득했고, 40세에 박사학위를 취득할 수 있었다.

성공한 멀티플레이어들은 공통적으로 자심감이 높고 성취 동기가 강하다. 그것은 멀티플레이어들이 어떤 욕구를 가지고 있는가를 확인하고, 이를 기초로 그들이 충분히 능력을 발휘할 수 있는 환경을 만들어 낸 결과라 할 수 있다. 더불어 한 곳에 오래 머물지 않고, 다음의 목표를 향해 전진하며 점차 더 높은 목표를 세웠기 때문이다.

실패에 대한 두려움을 버려라

멀티플레이어가 되기 위한 필수 조건은 남들이 하지 않는 일을 하거나 새로운 일을 위해 노력해야 한다는 것이다. 아무것도 하지 않으면 실패도 없다. 그러나 새로운 도전은 항상 실패를 준비하고 있다.

나는 10년 가까이 43개의 자격증에 도전하면서 수많은 시험을 치뤘다. 대부분의 자격증 시험이 필기와 실기로 구성되어 있는 것을 감안하면 적어도 80번 이상의 시험을 본 셈이다. 한 해 평균 4~5개의 자격증을 취득했으므로 매년 8~10번의 자격증 시험을 본 것이다. 그러나 그것은 한 번도 떨어지지 않았을 경우의 횟수로 한 번이라도 시험에 떨어지면 시험의 횟수는 늘어났다. 어떤 때는 거의 매달 시험을 치루기도 했다.

처음 14개의 자격증을 취득할 때까지는 떨어지지 않았다. 그래서 더욱 시험에 대한 두려움이 없었다. 시험만 보면 합격할 수 있다는 착각에 빠져 있었던 것이다. 그러나 자격증이 불어나면서 불합격의 고통도 생기기 시작했다. 처음 불합격했을 때는 불합격이라는 사실을 받아들이기 힘들었다.

가족이나 주위 사람들은 내가 시험만 보면 합격하는 사람이라고 생각했기 때문에 합격 여부도 묻지 않았던 터였다. 그렇기 때문에 불합격은 나에게 더욱 큰 충격이었고, 남들에게 그 사실을 알린다는 것은 큰 좌절이었다. 그러나 시험에 여러 번 떨어지면서 점차 충격이 줄어들기 시작했다. 오히려 불합격을 하면 오기로 더욱 열심히 도전하는 결과를 가져왔다.

나를 가장 힘들게 했던 자격증은 1종 대형 운전면허였다. 연습할 때는 잘 되던 것이 시험장의 운전석에만 앉으면 긴장한 나머지 실수를 연발해 5번이나 떨어져야 했다. 시험은 두 달에 한 번 있었기 때문에 1종 대형면허를 따는 데 1년이라는 세월이 걸렸다. 처음에는 불합격이 매우 창피했지만 점차 오기가 생겨 끝까지 도전하겠다고 마음먹으니 오히려 시험 때 마음이 편해지기 시작했다. 실패를 두려워하지 않자 오히려 연습 때의 실력이 나오기 시작했다.

결국 나는 5전 6기로 1종 대형 면허를 취득할 수 있었다.

실패는 누구나 겪는 일이지만 실패를 겪게 되면, 왜 나한테만 이런 시련이 있을까 생각하기 쉽다. 그러나 영국의 유명한 소설가 존 크레시는 564권의 책을 출판하기까지 753번 거절당했으며, 전설의 홈런 타자 베이브 루쓰는 1,330번 스트라이크 아웃을 당했지만 714번의 홈런을 때렸다. 어떻게 보면 성공하고 유명한 사람일수록 실패를 많이 경험했다고 볼 수 있다. 과거에 실패가 있었기 때문에 현재의 성공이 있다는 이야기다.

보통 사람들은 자기가 세운 목표에 도달하기 위해 노력하는 과정에서 실패를 맛보거나 어렵다는 생각이 들면 중도에 포기하게 된다. 그러나 중도 포기는 살아가는 내내 마음에 짐과 아쉬움으로 남는다. 심지어 가보지 못한 길에 대한 아쉬움도 있을 수 있다.

실패가 두려워 포기하게 되면 나중에 같은 기회가 와도 실패할 확률이 높다. 그러나 실패를 경험하게 되면 똑같은 일에서는 절대 실패하지 않는다. 도전은 성공이라는 값진 열매와 실패라는 교훈을 준비하고 있기 때문이다.

급할수록 돌아가라

외국인들은 우리나라 성장의 저력을 '빨리 빨리의 신화' 때문이라고 말한다. 조선시대만 해도 여유로운 생활이 삶의 철학이라고 생각했던 사람들이 이처럼 빠름을 선호하게 된 데에는 단기간에 이루어 낸 경제 성장과 속도를 강조하는 현대문명이 관련된 것으로 여겨진다.

농업중심의 사회에서 공업중심의 사회가 되는데 다른 나라들은 100년이 넘게 걸렸지만, 우리는 불과 40여년 밖에 걸리지 않았다. 우리나라는 그동안 빠른 경제 성장에 주력해 왔고, 이것이 우리나라 사람들을 빨리 빨리에 익숙하게 만들었다. 속도와 효율성을 강조하는 현대문명이 더욱 그것을 부추겨 하나의 문화로 자리 잡게 된 것이다.

이러한 변화는 패스트 푸드의 확산, 과속주행, 좀 더 빠른 컴퓨터의 경쟁적 구입, 속성 학원, 쉽고 금방 읽을 수 있는 책, 적은 시간을 들여 빨리 얻을 수 있는 것을 선호하도록 만들었다.

그래서 우리는 어떤 일을 해도 빨리 끝낼 수 있는 것에 집착하는 경우가 많다. 그러나 문제는 짧은 시간에 끝낼 수 있는 것들에 희소가치가 있는 것은 아무것도 없다. 짧은 시간에 최대한의 효과를 볼 수 있는 것은 나만 관심을 가지고 있는 것이 아니라 모든 사람이 선택하는 것이기 때문이다.

성공한 멀티플레이어들의 삶이 우리에게 교훈을 줄 수 있는 것은 그들이 긴 시간을 들여 목표에 달성했기 때문이다. 시간이 많이 걸리는 목표일수록 평범한 사람들이 접근하기 어려운 목표인 경우가 많다. 그렇기 때문에 그들은 희소가치가 있는 멀티플레이어가 될 수 있다.

그러나 주변 상황이 나빠져 어쩔 수 없이 멀티플레이어가 되어야 하는 사람들은 조급함을 느낄 수밖에 없다. 그들은 최단 시간에 성공하는 빠른 방법만을 찾는다. 그러나 이 세상에서 가장 빠른 방법으로 많은 돈을 벌 수 있는 방법이란 복권뿐이다. 그 외의 모든 일들은 목표를 세워 강력한 추진 의지를 가지고 실천해야만 성공할 수 있는 일들이다.

옛말에 "급할수록 돌아가라."는 말이 있다. 이 말은 급하다고 해서 서두르면 집중도 안 되고 능률도 오르지 않아 좋은 결과를 이끌어 낼 수 없다는 것을 의미한다. 따라서 희소성의 가치가 높은 멀티플레이어가 되기를 원할수록 많은 시간을 들여 준비하고 실천해야 한다. 그러나 시간이 흐를수록 목표에 도달하는 시간은 짧아진다.

나도 처음에는 원대한 목표가 없었다. 우연한 기회에 호기심으로 도전을 시작했기 때문이다. 준비 없이 시작한 도전이라 처음에는 자격증 하나를 취득하는 데 많은 시간이 소요되었지만 점차 목표를 갖게 되면서 치밀한 준비를 통해 자격증을 취득하는 데 소요되는 시간을 줄일 수 있었다.

멀티플레이어를 우연히 시작하면 시행착오를 자주 겪게 돼 원하는 목표를 달성하기까지 오랜 시간이 걸린다. 따라서 멀티플레이어로 성공하기를 원한다면 처음부터 확실한 목표를 설정하고, 그 목표를 최단기간에 달성하려는 철저한 분석과 준비가 있어야 한다. 멀티플레이어는 우연히 만들어 지는 것이 아니기 때문이다. 나의 경우만 해도 그렇다.

나는 공주사범대학을 졸업해 군대를 제대한 후 경기도에 발령을 받아 교사로서 직장생활을 시작했다. 그러나 교직 생활 4년이 지나자 단조롭고 반복된 생활이 나를 나태하게 만들기 시작했다.

3개월 만에 정보처리기능사 2급을 따내면서 내가 느낀 성취감은 내 인생을 변화시켰다. 어느새 사람들이 나를 가리켜 '자격증광', 또는 '자격증 박사'라고 부르기 시작했다.

내가 도전을 하며 지내는 동안 세상은 급속히 변했다. 세상은 한 우물형 인재보다 멀티플레이어형 인재를 필요로 하게 되었다. 그 동안 나는 청소년 활동 전문가, 열린교육 전문가, 컴퓨터 전문가, 요리전문가로서 지금까지 40권의 책을 출간했다. 또한 여행전문가로서 40개국을 다녔으며, 평생교육 전도사로 전국을 누비며 500회가 넘는 강의를 했다. 내가 도전하는 동안 나는 이미 멀티플레이어가 되어 있었던 것이다.

학습에 대한 나의 도전은 취미와 특기를 넘어 이제 생활의 일부가 되었다. 매번 접하는 새로운 지식은 나의 지적 갈증을 채워주었고, 시험을 대비하는 동안의 초조함은 단조로운 삶에 적당한 긴장을 불어 넣어 주었다. 나에게 어떤 자격증을 따느냐는 중요한 문제가 아니었다. 나에게 자격증은 내가 새롭게 넘어야 할 또 다른 산이었을 뿐이다.

나는 세상의 모든 것에 도전하는 것을 좋아했고, 도전하는 분야마다 전문가가 되고 싶었다. 그러다 보니 어느새 멀티플레이어가 나의 트레이드 마크가 되었다.

이제 우리는 변화하지 않으면 생존이 불가능한 시대에 살고 있다. 한 가지만 가지고 살 수 있는 시대는 지물이기고 다양한 분야의 전문가가 인정받는 시대가 온 것이다.

끝으로 이 책을 읽는 모든 분들이 미래를 이끌어갈 멀티플레이어가 되기를 바란다.

참고문헌

고승덕, 《포기하지 않으면 불가능은 없다》, 개미들출판사, 2003

김규환, 《어머니 저는 해냈어요》, 김영사, 2001

김도연, 〈위성DMB 산업정책과 법제〉, 한국언론학회 춘계학술대회
발표논문, 2003

김성기 외, 《경영학자가 본 경영자 히딩크》, 백년글사랑, 2002

김영석, 《디지털 미디어와 정보사회》, 나남출판사, 2000

김용한, 〈지상파 DMB 서비스〉, 정보처리학회지 제11권 제5호, 2004

김은지 · 조정식, 〈마케팅 및 매체환경 변화에 대한 국내 매체 전문가 인식
및 광고회사 대응 현황 연구〉 광고학 연구 : 일반 제14권 제2호, 2003

김종래, 《밀레니엄맨 칭기스칸》, 꿈엔들, 2005

데이비드 티렌, 《빌 게이츠 따라잡기》, FKI미디어, 1999

돈 탭스콧, 《N세대의 무서운 아이들》, 물푸레, 1999

벤저민 프랭클린, 《벤저민 프랭클린 덕의 기술》, 예림미디어, 2006

사이쇼 히로시, 《인생을 두배로 사는 아침형 인간》, 한스미디어, 2003

서진규, 《나는 희망의 증거가 되고 싶다》, 북하우스, 1997

스티븐 코비, 《성공하는 사람들의 7가지 습관》, 김영사, 1998

실리아 샌디스 외, 《우리는 결코 실패하지 않는다》, 한스미디어, 2004

엘빈 토플러, 《제3의 물결》, 홍신문화사, 1994

원광연, 《디지털 시대의 문화예술: 통합의 가능성을 꿈꾸는 KAIST 사람들−디지털 문화예술의 발전에 대하여, 최혜실(편)》, 문학과 지성사, 1999

이명훈, 《다매체시대 매체기획 이끌 창조적 소수 길러낼 때》, 광고정보, 36−41, 2000

이희상, 《위성DMB서비스의 사업성: 분석과 전망》

르네 마보안·김위찬지음, 《블루오션전략》, 교보문고, 2005

전도근, 《자격증 이야기》, 일진사, 2003

전도근, 《명강사가 되기 위한 명강의 비법》, 크라운 출판사, 2004

전도근, 《파워풀 프레젠테이션》, 크라운 출판사, 2004

전도근, 《한방에 끝내는 취업전략》, 크라운 출판사, 2004

전도근, 《돈버는 스피치 인맥 넓히는 커뮤니케이션》, 성안당, 2006

전도근·강무섭, 《청년실업 극복을 위한 취업능력 제고 방안》, 한국직업능력개발원, 2004

장승수, 《공부가 가장 쉬웠어요》, 김영사, 1996

지경용, 《DMB 서비스 차세대 디지털 컨버전스》, 전자신문사, 2005

통계청, 〈인구조사 통계자료〉, 통계청, 2003, 2004

한국전산원, 《1999 국가 정보화백서》, 용인: 한국전산원, 1999

한국전산원, 《2000 국가 정보화백서》, 용인: 한국전산원, 2000

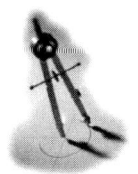

성공하기 위한 멀티플레이어 전략

2006년 4월 10일 인쇄
2006년 4월 15일 발행

저 자 : 전도근
펴낸이 : 남상호

펴낸곳 : 도서출판 **예신**
140-896 서울시 용산구 효창동 5-104
대표전화 : 704-4233, 팩스 : 715-3536
등록번호 : 제03-01365호(2002. 4. 18)

값 7,000원

http://www.yesin.co.kr
ISBN : 89-5649-038-4